新 視 野
中華經典文庫

新視野
中華經典文庫

大學 中庸

名譽主編 饒宗頤

導讀及譯注 劉桂標 方世豪

中華書局

新視野中華經典文庫

大學　中庸

□
導讀及譯注
劉桂標　方世豪

□
出版
中華書局（香港）有限公司
香港北角英皇道 499 號北角工業大廈一樓 B
電話：(852) 2137 2338　傳真：(852) 2713 8202
電子郵件：info@chunghwabook.com.hk
網址：http：//www.chunghwabook.com.hk

□
發行
香港聯合書刊物流有限公司
香港新界大埔汀麗路 36 號
中華商務印刷大廈 3 字樓
電話：(852) 2150 2100　傳真：(852) 2407 3062
電子郵件：info@suplogistics.com.hk

□
印刷
深圳中華商務安全印務股份有限公司
深圳市龍崗區平湖鎮萬福工業區

□
版次
2014 年 7 月初版
2020 年 6 月第3次印刷

□
規格
大 32 開（205 mm × 143 mm）

□
ISBN：978-988-8290-78-9

出版說明

為甚麼要閱讀經典？道理其實很簡單——經典正正是人類智慧的源泉、心靈的故鄉。也正是因此，在社會快速發展、急劇轉型，因而也容易令人躁動不安的年代，人們也就更需要接近經典、閱讀經典、品味經典。

邁入二十一世紀，隨着中國在世界上的地位不斷提高，影響不斷擴大，國際社會也越來越關注中國，並希望更多地了解中國、了解中國文化。另外，受全球化浪潮的衝擊，各國、各地區、各民族之間文化的交流、碰撞、融和，也都會空前地引人注目，這其中，中國文化無疑扮演着十分重要的角色。相應地，對於中國經典的閱讀自然也就有不斷擴大的潛在市場，值得重視及開發。

於是也就有了這套立足港臺、面向海外的「新視野中華經典文庫」的編寫與出版。希望通過本文庫的出版，繼續搭建古代經典與現代生活的橋樑，引領讀者摩挲經典，感受經典的魅力，進而提升自身品位，塑造美好人生。

本文庫收錄中國歷代經典名著近六十種，涵蓋哲學、文學、歷史、醫學、宗教等各個領域。編寫原則大致如下：

（一）精選原則。所選著作一定是相關領域最有影響、最具代表性、最值得閱讀的經典作品，包括中國第一部哲學元典、被尊為「群經之首」的《周易》，儒家代表作《論語》、《孟子》，道家代表作《老子》、《莊子》，最早、最有代表性的兵書《孫子兵法》，最早、最系統完整的醫學典籍《黃帝內經》，大乘佛教和禪宗最重要的經典《金剛經》、《心經》、《六祖壇經》，中國第一部詩歌總集《詩經》，第一部紀傳體通史《史記》，第一部編年體通史《資治通鑒》，中國最古老的地理學著作《山海經》，中國古代最著名的遊記《徐霞客遊記》，等等，每一部都是了解中國思想文化不可不知、不可不讀的經典名著。而對於篇幅較大、內容較多的作品，則會精選其中最值得閱讀的篇章。使每一本都能保持適中的篇幅、適中的定價，讓普羅大眾都能買得起、讀得起。

（二）尤重導讀的功能。導讀包括對每一部經典的總體導讀、對所選篇章的分篇（節）導讀，以及對名段、金句的賞析與點評。導讀除介紹相關作品的作者、主要內容等基本情況外，尤強調取用廣闊的「新視野」，將這些經典放在全球範圍內、結合當下社會生活，深入挖掘其內容與思想的普世價值，及對現代社會、現實生活的深刻啓示與借鑒意義。通過這些富有新意的解讀與賞析，真正拉近古代經典與當代社會和當下生活的距離。

（三）通俗易讀的原則。簡明的注釋，直白的譯文，加上深入淺出的導讀與賞析，希望幫助更多的普通讀者讀懂經典，讀懂古人的思想，並能引發更多的思考，獲取更多的知識及更多的生活啓示。

（四）方便實用的原則。關注當下、貼近現實的導讀與賞析，相信有助於讀者「古為今用」、自我提升；卷尾附錄「名句索引」，更有助讀者檢索、重溫及隨時引用。

（五）立體互動，無限延伸。配合文庫的出版，開設專題網站，增加朗讀功能，將文庫進一步延展為有聲讀物，同時增強讀者、作者、出版者之間不受時空限制的自由隨性的交流互動，在使經典閱讀更具立體感、時代感之餘，亦能通過讀編互動，推動經典閱讀的深化與提升。

這些原則可以說都是從讀者的角度考慮並努力貫徹的，希望這一良苦用心最終亦能夠得到讀者的認可、進而達致經典普及的目的。

「弘揚中華文化」是中華書局的創局宗旨，二〇一二年又正值創局一百週年，「承百年基業，傳中華文明」，本局理當更加有所作為。本文庫的出版，既是對百年華誕的紀念與獻禮，也是在弘揚華夏文明之路上「傳承與開創」的標誌之一。

需要特別提到的是，國學大師饒宗頤先生慨然應允擔任本套文庫的名譽主編，除表明先生對本局出版工作的一貫支持外，更顯示先生對倡導經典閱讀、關心文化傳承的一片至誠。在此，我們要向饒公表示由衷的敬佩及誠摯的感謝。

倡導經典閱讀，普及經典文化，永遠都有做不完的工作。期待本文庫的出版，能夠帶給讀者不一樣的感覺。

中華書局編輯部

二〇一二年六月

目錄

大學

中庸

大學

古代的大學之道
——《大學》導讀

劉桂標

一、甚麼是大學？

在現代，一講起大學，有些人便會想起教育產業中的名牌，如英美的劍橋、牛津、哈佛、耶魯等，或中港的北大、清華、港大、中大等；有些人則會想起宏偉的教學大樓，甚至形形色色的國際排名等等。但這些真是大學最重要的東西嗎？

昔日清華大學校長梅貽琦在其就職演講中說得好：「大學者，非謂有大樓之謂也，有大師之謂也。」真正的大學，是培養德學兼備的大師，這個道理，我們中國人其實很早就已經了解。宋代大儒朱子（朱熹）在解釋先秦儒家典籍《大學》時，清楚地表明：「大學者，大人之學也。」（朱子《四書集注．大學章句》）

在我國古代，大學即太學，也就是現在所謂的高等教育，而其主要的教授內容，就是大人之學，這是相對小學來說的。據朱子所說，古代的小學有如現在的中、小學，是基礎教育，主要教授的內容是「灑掃、應對、進退之節，禮樂、射御、書數之文」；至於大學，教的則是「窮理、正心、修己、治人之道」。小學教的東西，是較為經驗性的，主要是一般的禮節、待人之道及較容易了解的學科和術科，一般兒童和青少年都容易掌握；而大學教的東西，則是較為理論性的，是讀書、做人的道理，以及將道理推廣到家、國、天下的層面，須稍為年長及心智成熟者才能掌握。由此可知，古代的大學——大人之學，就是成就完善人格、道德君子的學問。

二、物、事、知本、知所先後

古代的大人之學，用學術專門用語來說，主要是工夫論。但這裏工夫論中的工夫並非外國人稱為"Chinese Kung Fu"的「功夫」（武術），而是指道德實踐的程序和方法（成德工夫）。在道德反省方面，中國人甚至比西方人更全面。西方人如蘇格拉底、柏拉圖等大哲，主張「德即是知」（virtue is knowledge），以為道德主要是理論問題，把握道德理論便是有道德的了。然而，中國人特別是孔子、孟子等大哲，提倡知行並重，認為真正的道德不單是理論問題，也是實踐問題；因此，中國哲人很早已有工夫論——有關道德實踐的歷程和方法的討論。

此工夫雖不同彼功夫，但卻有相似的地方。譬如説，成德工夫有其循序漸進的實現歷程，就像武術那樣，一招一式，須由淺入深，按部就班地學習。

更貼切的比喻是建築工程。建築需要材料，如砂、石、水泥、鋼筋等，成德工夫也需要材料，在《大學》，就是工夫的對象，即物、知、意、心、身、家、國、天下等（統稱為「物」）。在蓋房子時，相應於不同的材料有不同的技術，而實踐道德時，相應於不同的對象也有不同的工夫的技術，即格、致、誠、正、修、齊、治、平等（統稱為「事」）。

蓋房子很講求地基穩固，因為地基不穩，則整間房子搖搖欲墜；而實現德性也需要把握基礎——知道以至善的道德心為根本（稱為「知本」），否則成德工夫不踏實，宋明儒者稱為「玩弄光景（影）」。另外，建築樓宇講究施工程序，須由下而上，層層遞進；道德實踐也講究為學次第，須由內而外、由親及疏，步步為營。《大學》稱這種了解為「知所先後」。

三、三綱領、八條目

為了使人了解道德工夫的要點，《大學》提出了三大原則及八大步驟——三綱領、八條目（簡稱「三綱、八目」）。其層次關係請見圖一。

所謂三綱領，指「明明德」、「親民」（一說當為「新民」）及「止於至善」，依次為發揚本來光明的道德心，親近（或革新）人民以推廣道德心至社會層面，以及以實現至善的道德心為一切道德實踐的目的。此三大原則並非並列的原則，而是有兩個不同的層次。最高的原則是止於至善，指道德實踐須以道德心為基礎；而明明德與親民則是次層原則，明明德指個人層面的道德實踐，而親民則指社會層面的道德實踐，兩個原則都隸屬於止於至善的綱領，因為無論是個人或社會的道德實踐，都應以道德心為基礎。

所謂八條目，指「格物」、「致知」、「誠意」、「正心」、「修身」、「齊家」、「治國」、「平天下」八個歷程。它們體現了道德實踐由內而外，以及由親及疏的大方向。道德實踐須由內而外，因為道德基礎是發自內在的道德心；須由親及疏，因為道德實踐由自己親人開始，再擴充到我們不認識的人，合乎人之常情和常理，使我們更容易將德性實踐出來。

八條目中的格物和致知兩項個人實踐工夫的意義較具爭議性，我們可以宋明儒學中的程朱

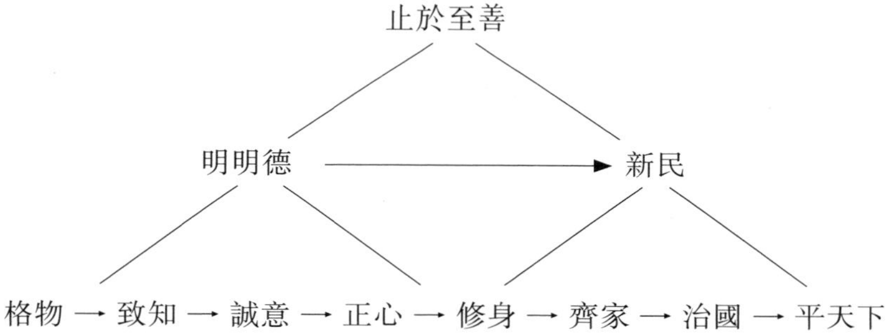

圖一　三綱八目的層次關係

學派及陸王學派的看法來說明。程朱學派的代表人物朱子以為，格物、致知指「即物窮理」，意即：我們要作道德實踐，需要多看儒家經典，並與人多作討論，這樣，才能把握道德價值的意義及道德實踐的道理。而陸王學派的代表王陽明（王守仁）則認為，格物指正行為，致知指致良知，意即：道德實踐的基礎在於每個人都具備的良知（道德心），因此，作道德實踐，最重要的是要把握良知的存在，並且將它在現實層面中表現出來。

朱、王的觀點表面上有所不同，甚至有矛盾對立；然而，實質卻是相輔相成、互相補足的。用《中庸》的話來說，朱子重「道問學」，王陽明重「尊德性」。他們的主要意思可綜合為：我們作道德實踐，一方面必須向外學習，這樣才不致閉門造車，自以為是；一方面又要向內反思，這樣才可將學習的東西理解和消化，以及符合我們的道德心的反省。用現代大儒錢穆、唐君毅諸先生所撰的香港新亞書院的學規的用語來綜合二人所說，就是：「求學與做人，貴能齊頭並進，更貴能融通合一。」

誠意、正心、修身，這三項個人工夫較易了解。誠意是指人要為人真誠，不要自欺欺人。正心講的是要調節情緒，不要讓喜怒哀樂等情緒影響正確的道德判斷和實踐。而修身是由個人實踐到社會實踐的關鍵，是要抱持公道的精神待人，不會因一己的好惡而偏私。

齊家、治國、平天下是《大學》講的三項社會實踐工夫，它們是由個人的道德實踐推廣到社會的道德實踐去。表面上，它們涉及三種不同的工夫——「齊」（整頓之義）、「治」（治理之義）及「平」（平定之義），但依原文來看，這裏的分別只是數量上有所不同，天下是最大的單位，國次之，家則是最小的，但其基本原則都可說是實行將心比心、推己及人的恕道。

總而言之，《大學》講大學之道，雖遠在先秦時代，但它的道理卻有永恆而普遍的價值，值得現代人好好學習。它的教訓可以用以下的話概括：「萬丈高樓從地起，為學做人同一理。」筆者願以此與各讀者互勵互勉。

四、餘論

《大學》一書，原是《禮記》中的一篇，唐代以前沒有引起很大的關注。至唐代，韓愈等人引用《大學》原文，始為人所注目。到宋代，二程特別是程伊川（程頤）很重視《大學》，甚至將它從《禮記》中抽出單獨成篇。其後，二程的追隨者朱子更把它與《論語》、《孟子》及《中庸》合編為《四書》，並寫成《四書集注》（又名《四書章句集注》），《大學》由此成為日後儒者必讀的經典。

《大學》的作者，舊傳為曾子（曾參，孔子弟子），但不可信；一般學者以為成書約在秦漢之際，非一人一時之作，是儒家學者繼承及發揮孔子、孟子等儒者思想而成書。

原書本無分章節，但朱子依據其內容思想並加以編輯修訂，區分為經一章、傳十章，他以為前者由曾子所著，後者為其後學所著，經文是全書宗旨，傳文則是對經文的解釋。另外，朱子將全書宗旨定為以講述三綱領、八條目為主，但因原書對格物、致知二條目語焉不詳，朱子便認定原文有遺失，因此寫成〈格物致知補傳〉以令全書義理更完整。朱子的說法純粹出於個人的推斷，不一定符合歷史事實，但其整理原文的工作卻令全書系統性更強，可讀性更高，後來甚至成為最流行的版本。

歷代儒者對《大學》一書多予正面的評價。唐代韓愈引用其關於修齊治平的言論，指出其發揮儒家重視現實倫理的長處。宋代朱子除將《大學》與《論語》、《孟子》、《中庸》編成《四書》並作注外，更將《大學》視為「初學者入德之門」，在學習次序上有優先位置，並給予高度評價。明代王陽明也高度重視《大學》，甚至依據格物、致知等說法，建立起自己的致良知的哲學系統。近代孫中山讚賞《大學》以由個人道德修養為基礎而建立的社會政治哲學，認為這是「應該要保存」的中國的「獨有寶貝」。

本譯注依據朱子的版本，對全文重新作標點。在文本理解方面，以朱子的觀點為主，並參考其他學者的說法。本書的注釋和語譯以現代的語言及提綱挈領的方式進行，希望初讀《大學》的人士，對《大學》一書有概括而清晰的了解。

經一章

本篇導讀——

《大學》原文並無分章，朱子對文本作出修訂，並區分經一章與傳十章；前者是全書主旨，後者是對主旨的進一步說明。

經文可分四節。首節講道德實踐的三大原則，即朱子所說的「三綱領」：明明德、親民及止於至善三項。

次節講知止、知所先後的意義。前者指知道道德實踐的目的，後者指知道其先後次第。

第三節講道德實踐的具體先後次第，即道德實踐的八個歷程，後者朱子稱為「八條目」，依次為格物、致知、誠意、正心、修身、齊家、治國、平天下八項。

第四節強調一切成德工夫以個人道德修養為基礎，而且，成德歷程有其先後次第，不能混淆。

大學之道[1]，在明明德[2]，在新民[3]，在止於至善[4]。

注釋

1 大學：有二解，一是「大人之學」，即道德君子的學問；二是太學，指古代的最高學府。上述二義相通，因為傳統中國在教育上特重道德的教育，故此最高學府教學內容主要是道德君子的學問。道：綱領或原則。大學之道，指道德君子的學問的大綱領，依全書來看，主要指有關道德實踐的主要原則。

2 明明德：前一「明」字是動詞，是彰明的意思；後一「明」字則是形容詞，即光明的意思；「德」指道德心；「明明德」即彰明本來光明的德性。相對於下文說的新民，可說是個人的道德修養工夫。

3 新民：革新人民之意。另一流傳的版本以「新」作「親」，「親民」即親近人民。上述二義皆通，因為都表示出社會的道德修養工夫；而觀乎下文（傳第二章）只講及新民之意，則以前一解釋較合原意。

4 止於至善：以達致圓滿的道德心為道德實踐的目的。止，到達，引申為「以……為目的」之意。至善，圓滿的善，指道德心。明明德、親民及止於至善三項為「三綱領」，是道德實踐的三個最高原則。

譯文

成就道德君子的學問的大綱領，在於彰明自己本來光明的善良的德性，進而革新人民而使他們也能彰明自己本來光明的善良的德性，兩者都以達致圓滿的道德本性為目的。

賞析與點評

道德實踐的方法有許多，一般人往往如入十字路口，無所適從。《大學》建立明明德、新民及止於至善三綱領，有如三個大路標，為人指引迷津。要注意，三綱領並不是平列的三個原則，而是分開兩個層次的，最高原則是止於至善，而明明德及新民是下層原則，因為兩者都以止於至善為道德實踐的基礎。

知止而后有定[1]，定而后能靜[2]，靜而后能安[3]，安而后能慮[4]，慮而后能得[5]。物有本末[6]，事有終始[7]，知所先後[8]，則近道矣[9]。

注釋

1 知止：即知道止於至善的道理。后：同「後」。有定：指心有定向。

2 能靜：心能平靜而不會妄動。

3 安：內心安穩。

4 慮：有精詳的思考。

5 得：得到心的最高的至善境界。靜、安、慮、得，是描述能把握止於至善的綱領所達致的精神漸趨滿足的狀態。

6 物有本末：指工夫對象有理論的主次之別。物，指對象，這裏指工夫的對象——物、知、意、心、身、家、國、天下。本末，原指樹木的根本與末用（枝節），引申為理論的主次。

7 事：指事情，這裏特指格、致、誠、正、修、齊、治、平等工夫本身。事有終始指工夫本身有理論的先後。終始，結束與開始，即活動的始末歷程，亦指理論的先後。

8 知所先後：知道道德實踐的理論之主次及先後。

9 道：指道德實踐的最高道理。

譯文

如果能夠知道止於至善的道理，我們就能夠志向堅定；志向堅定便能夠心境平靜；能夠心境平靜，就能夠內心安穩；能夠內心安穩，就能夠有精詳的思考；能夠有精詳的思考，就能夠得到心的最高的至善境界。工夫對象有它的理論的主次，工夫本身有它的活動的始末，知道了道德實踐的理論的先後，便可以接近於道德實踐的最高道理。

古之欲明明德於天下者[1]，先治其國；欲治其國者，先齊其家[2]；欲齊其家者，先脩其身[3]；欲脩其身者，先正其心[4]；欲正其心者，先誠其意[5]；欲誠其意者，先致其知[6]；致知在格物[7]。物格而后知至，知至而后意誠，意誠而后心正，心正而后身脩，身脩而后家齊，家齊而后國治，國治而后天下平。

注釋

1 欲明明德於天下者：指想作道德實踐的人。

2 齊：整頓。家：家庭。

3 脩：同「修」，修養。身：原義為身體，這裏則是對個人人格的統稱。

4 正：端正。心：心志。

5 誠：誠實、不自欺。意：心所發的意念。

6 致：達致。知：道德的認知。

7 格：應接、辨識。物：工夫的對象。

譯文

在古代，想作道德實踐的人，應先行治理好國家；欲治理好國家的人，應先行整頓好家庭；欲整頓好家庭的人，應先行修養好個人的人格；欲修養好個人人格的人，應先行端正心志；欲端正心志的人，應先行使意念誠實；欲使意念誠實的人，應先行達致道德的認知；道德的認知的基礎在於辨識工夫的對象。辨識到工夫的對象後，才能獲得道德的認知；獲得道德的認知後，意念才能誠實；意念誠實後，心志才能端正；心志端正後，才能修養好個人的品格；修養好個人的品格後，才能整頓好家庭；整頓好家庭後，才能治理好國家；治理好國家後，天下才能太平。

自天子以至於庶人[1]，壹是皆以脩身為本[2]。其本亂而末治者否矣[3]。其所厚者薄[4]，而其所薄者厚，未之有也！

注釋

1 天子：君主。庶人：百姓。
2 壹是：一切。脩身：這裏說的脩身概括了個人工夫。
3 本亂而末治：基礎不好而目標達致。否：不可能。
4 厚：重視。薄：不重視。

譯文

由君主以至於百姓，一切工夫都是以個人道德修養為基礎。道德實踐基礎不好而能成就德性，是不可能的。我們須重視的東西反而不重視，不須重視的東西反而重視，是沒有道理的。

賞析與點評

知止、知所先後，可說是三綱領外，《大學》講工夫的另一重要觀念。二者都是強調在道德實踐時，須認識道德實踐的目的及其理論的主次及先後之意，這樣才可以充分了解和認識道德實踐。

另外，觀乎作者先由平天下逆反至格物，再由格物順推至平天下，反覆將這八步歷程依先後次第講述，可見其重要性。不過，要注意，《大學》的意思並非要人死守一步一步的實踐方式，而是強調一種由內而外、由己及人、由親及疏等的大方向，這樣，才能對道德實踐有真切的了解。

傳第一章

本篇導讀——

傳的第一章，是解釋三綱領中「明明德」此一綱領的。章中引用《尚書》的文獻，說明德性是由天道所賦予的。人要成為道德君子，不能假手於人，必須自己將本有的德性實現出來，這是講道德工夫的第一個原則。

《康誥》曰[1]：「克明德[2]。」《大甲》曰[3]：「顧諟天之明命[4]。」《帝典》曰[5]：「克明峻德[6]。」皆自明也。

注釋

1《康誥》：《尚書·周書》中的一篇。

2 克：能夠。明德：彰明人的德性。

3《大甲》：即《太甲》，《尚書·商書》中的一篇。

4 顧：顧念。諟（粵：是；普：shì）：「是」的古字，這裏作代詞用，「這」的意思。

天之明命：天道賦予人的光明的性命。天，指天道，後者是宇宙的本體，最高的存在，是包括人在內的宇宙萬物的根源。

5《帝典》：即《堯典》，《尚書·虞書》中的一篇。

6 峻德：峻即大、崇高的意思，峻德即崇高的德性。

譯文

《尚書·康誥》說：「人應能彰明自己的德性。」《尚書·太甲》說：「人應顧念天道賦予人的光明的性命。」《尚書·堯典》說：「人應能彰明自己的崇高德性。」上面的話都說出人應彰明自己本有的德性。

賞析與點評

本章值得注意的，是《大學》作者發揮了孟子的「盡心知性知天」思想（《孟子・盡心篇上》：「盡其心者，知其性也。知其性，則知天矣。」）。依這種思想，人的德性的根源在於宇宙本體，即儒家所講的天道。這種說法與孟子的仁義內在說並無衝突，而是進一步的補充。因為說德性是源於善性，這是其內在的（即內在於人性的）根源；說它是源於天道，這是其超越的（即超越於人性的）根源。新儒家學者如唐君毅、牟宗三諸先生常稱儒家講的道德心或天道是既超越而又內在的，便是這個意思。

傳第二章

本章導讀——

傳的第二章，是解釋三綱領中「新民」此一綱領的。章中引用了《尚書》及《詩經》的文獻（嚴格來說是借用，因其對經典的說明不必符合原文的意思），說明了新民綱領的兩個重要意思：首先，表述出明明德只是初步的成德工夫，還須更進一步講新民，達致後者才是成德工夫的究極完成。其次，這種工夫的極致，是自新新民，即由個人的道德修養伸展至社會、政治實踐，特別是要成為統治者或匡助統治者的賢臣，使人民能得到教化，將善良的德性實現出來，以達到治國平天下的效用。

湯之盤銘曰[1]：「苟日新[2]，日日新，又日新。」《康誥》曰：「作新民[3]。」

《詩》曰[4]：「周雖舊邦，其命惟新[5]。」是故君子無所不用其極[6]。

注釋

1 **湯：**即成湯，商代的開國君主。**盤銘：**刻在面盤上的箴言。盤，洗漱工具，這裏指面盤。

2 **苟日新：**苟，如果；日新，一天革新自己，此革新有為善去惡之意。

3 **作新民：**使人民振作，不斷革新自己。

4 **《詩》：**指《詩經》，這裏引用的是《大雅·文王》。

5 **命：**指承受於天道的使命。**惟：**語助詞，用於句中以調整音節，無實義。

6 **極：**盡頭，指至善的境界。

譯文

商湯的面盤上的箴言說：「人們如果可以做到一天革新自己，則應進一步多天革新自己，最後做到不斷革新自己。」《尚書·康誥》說：「君主要使人民振作，不斷革新自己。」《詩經·大雅·文王》說：「周朝雖然是故舊國邦，卻能承受天命，不斷自我革新。」因此，道德君子應自我革新，盡心盡力，以達到至善的境地。

傳第三章

本篇導讀——

本章是解釋第三個綱領——「止於至善」。當中分為四節。

首節援引《詩經》的〈玄鳥〉及〈綿蠻〉，說明禽鳥尚且知道選擇其歸宿（這裏指居所），反而一般人卻不知道選擇其歸宿（這裏並非指居所，而是指人生目的）。

次節通過《詩經》的〈文王〉，說明道德君子以達致至善為人生目的。所謂至善，是指充分實現人的道德本性。具體來說，後者是實現人的倫理的責任，可分為五方面：身為君主者，須實現仁義；身為臣子者，須實現恭敬；身為兒女者，須實現孝順；身為父親者，須實現慈愛；身為庶民者，須實現誠信。

第三節，通過《詩經》的〈淇澳〉，說明要達致至善的境界，必須自覺努力，不斷切磋琢磨，包括努力學習及身體力行。

末節以《詩經》的〈烈文〉表述人們對古代賢君的緬懷。當中表達出儒家的義利之辨的思想：道德君子講求的，是親親仁人的道德價值（義）；一般人士講求的，是物質享受的感官滿足（利）。

《詩》云[1]：「邦畿千里[2]，惟民所止[3]。」《詩》云[4]：「緡蠻黃鳥[5]，止于丘隅[6]。」子曰：「於止，知其所止，可以人而不如鳥乎[7]？」

注釋

1《詩》：此指《詩經．商頌．玄鳥》。

2 邦畿：指君主統治的疆域。畿，即疆域。

3 止：有到、停止、居住、棲息等多種含義，隨文章的脈絡而有區別，這裏指居住的意思。

4《詩》：此指《詩經．小雅．綿蠻》。

5 緡（粵：民；普：mín）蠻：即綿蠻，鳥鳴聲。黃鳥：一種小鳥。

6 丘隅：山丘的一角。

7 「子曰」四句：引孔子之言，但未知出處。於止：對於居住的地方。可以：何以，為甚麼。

譯文

《詩經．商頌．玄鳥》說：「君主統治的廣大疆域，是人民居住的地方。」《詩經．小雅．綿蠻》說：「鳴叫着的黃鳥，棲息於山丘的一角。」孔子說：「小鳥對於自己居住的地方，知所選擇；為甚麼人比鳥還不如呢？」

《詩》云[1]：「穆穆文王[2]，於緝熙敬止[3]。」為人君，止於仁；為人臣，止於敬；為人子，止於孝；為人父，止於慈；與國人交，止於信。

注釋

1 《詩》：此指《詩經．大雅．文王》。

2 穆穆：深遠之意，這裏指儀表端莊。文王：即周文王。

3 於緝熙敬止：恭敬地以至善為人生目的。於，讚美詞。緝，繼續。熙，光明。止，原詩是語助詞，無實義。

譯文

《詩經．大雅．文王》說：「周文王儀表端莊，不斷彰明德性，恭敬地以至善為他的人生目的。」為人君主的，以仁義為人生目的；為人臣子的，以恭敬為人生目的；為人兒女的，以孝順為人生目的；為人父親的，以慈愛為人生目的；與國民相交，以誠信為人生目的。

賞析與點評

本節講達致至善——充分實現人的道德的本性，是從不同的人倫關係立論，這種講法是重要的，因為至善只是大原則，在實踐時，人倫關係是須考慮的重要具體因素。人的社會身份有許多，一般儒家經典講五倫：君臣、父子、兄弟、夫婦、朋友，這裏則只講及君臣、父子及朋友三倫，但都已觸及家庭、社會、國家等不同的層面。每個人如能實現他在不同層面的道德責任，便已是實現自己的道德的本性。這樣講成德工夫較容易令人理解及實踐。

《詩》云[1]：「瞻彼淇澳[2]，菉竹猗猗[3]。有斐君子[4]。如切如磋，如琢如磨[5]。瑟兮僩兮[6]，赫兮喧兮[7]。有斐君子，終不可諠兮[8]。」「如切如磋」者，道學也[9]；「如琢如磨」者，自脩也；「瑟兮僩兮」者，恂慄也[10]；「赫兮喧兮」者，威儀也；「有斐君子，終不可諠兮」者，道盛德至善[11]，民之不能忘也。

注釋

1 《詩》：此指《詩經．衛風．淇澳》。

2 淇：指淇水，河名。澳：河水的彎曲處。

3 菉（粵：綠；普：lù）：通「綠」。猗猗：美麗茂盛的樣子。

4 斐：有文采之貌。

5 「如切如磋」兩句：「切」、「磋」、「琢」、「磨」，治獸骨叫「切」，治象牙叫「磋」，治玉器叫「琢」，治石磈叫「磨」，都是從工匠所治對象區分。四者皆比譬道德君子仔細努力的講論學問及道德修養工夫。

6 瑟兮僩（粵：han[5]；普：xiàn）兮：嚴謹剛毅的樣子。兮，古代韻文中的助詞，用於句中或句末，表示停頓或感歎，與現代的「啊」相似。

7 赫兮喧兮：光明寬大的樣子。

8 諠（粵：喧；普：xuān）：忘記。
9 道學：講論學問。
10 恂（粵：詢；普：xún）慄：戒懼的樣子。
11 道：稱道。

譯文

《詩經・衛風・淇澳》說：「在淇水的彎曲處，翠綠的竹子長得美麗茂盛。有位文質彬彬的君子，講論學問有如治理獸骨象牙，不斷切磋；道德修養有如治理玉器石塊，反覆琢磨。他的外表嚴謹剛毅、光明寬大，令人難以忘懷。」說他「有如治理獸骨象牙，不斷切磋」，是指他的講論學問；說他「有如治理玉器石塊，反覆琢磨」，是指他的道德修養；說他「嚴謹剛毅」，是指他的戒懼態度；說他「光明寬大」，是指他的威嚴的儀表；說他「令人難以忘懷」，是稱道他的道德工夫已達到至善境界，使人們畢生難忘。

《詩》云[1]：「於戲前王不忘[2]！」君子賢其賢而親其親，小人樂其樂而利其

利[3]，此以沒世不忘也[4]。

注釋

1《詩》：此指《詩經・周頌・烈文》。

2 於戲：同「嗚呼」，感歎詞。前王：先王，這裏指周文王、周武王。

3「君子賢其賢而親其親」兩句：在古代，「君子」、「小人」的區分可指社會階級及道德境界上的區分，這裏兼有此二義，君子指有道德修養的賢君，小人指沒有道德修養的庶民。「賢」、「親」、「樂」、「利」：首個「賢、親、樂、利」是動詞，依次是尊敬、親愛、愛好、享受之意；第二個「賢、親、樂、利」是名詞，依次是賢人、親屬、快樂、利益之意。

4 沒世：終身，永遠之意。

譯文

《詩經・周頌・烈文》說：「啊！人民永遠不會忘記先王。」賢君尊敬賢人，以及親愛親屬；庶民愛好快樂，以及享受利益。雖然先王已經去世，但人們卻永遠不會忘記他們。

賞析與點評

這裏說「君子賢其賢而親其親，小人樂其樂而利其利」，可說是儒家的義利之辨思想的進一步確認，這是儒家倫理學的重要思想，能將道德與利益清楚區分開來。

儒家的義利之辨思想由孔子開始：「君子喻於義，小人喻於利。」（《論語・里仁》）後來為孟子所繼承：「王何必曰利，亦有仁義而已矣。」（《孟子・梁惠王上》）儒家講義利之辨只是講出道德的基礎在於仁義（即道德心或道德理性；用孟子的話來說，即善性），而不是利益，後者與道德不相干。這種將道德與利益區分的思想，符合我們日常生活的反省，是倫理學中重要的學說。

這種思想，常被人誤解為排斥利益而流於禁慾主義（認為講求慾望滿足或即利益是邪惡的），但事實並非如此，因為儒家從來不排斥利益，講義利之辨只是講出道德的基礎在於仁義而非利益，後者在價值上是中性的。如孔子說：「富與貴，是人之所欲也，不以其道得之，不處也；貧與賤，是人之所惡也，不以其道得之，不去也。」（《論語・里仁》）他的意思是富貴等利益若得之有道，是可取的，不必加以排斥。因此，為避免誤解，這種思想宜稱為「義先利後」說，即仁義只是在道德上較利益優先，而不是指仁義是道德的，而利益則是不道德的。

傳第四章

本篇導讀——

作者引用孔子在《論語．顏淵》中的話，表示出法律、政治的基礎在於人有道德心，這是其仁政的思想。

子曰[1]：「聽訟[2]，吾猶人也[3]。必也使無訟乎[4]？」無情者不得盡其辭[5]，大畏民志[6]。此謂知本[7]。

注釋

1 子曰：孔子的話，見於《論語．顏淵》。

2 聽訟：即審案。

3 猶人：與別人的看法相同。猶，同。

4 使無訟：使訴訟的事情不再發生。

5 情：實，真實事情。辭：言辭，這裏指虛假的話。

6 畏：畏服。民志：民心。

7 知本：知道道德實踐的根本。

譯文

孔子說：「審理案件時，我與別人一樣，都是要使訴訟的事情不再發生。」聖人盡力使隱瞞真相者不得再講虛假的話，人人都畏服民心，這就是認識到道德實踐的根本。

傳第五章

本篇導讀——

朱子以為《大學》傳文對三綱領、八條目的解釋中惟是欠缺對格物、致知的解釋，由此判斷原文有佚失，故此寫成〈格物致知補傳〉以補足原文。在這裏，朱子提出了自己對成德工夫的了解——即物窮理以致知的說法。他以為，宇宙萬物都有道德價值之理，因此，我們必須對事物一一加以窮究，久而久之，我們對道德價值的了解便會豁然開朗，達到充分把握道德價值的最高境界。

此謂知本[1]。

〔右傳之五章，蓋釋格物、致知之義，而今亡矣。閒嘗竊取程子之意以補之

曰[2]：「所謂致知在格物者，言欲致吾之知，在即物而窮其理也[3]；蓋人心之靈莫不有知，而天下之物莫不有理。惟於理有未窮，故其知有不盡也。是以《大學》始教，必使學者即凡天下之物，莫不因其已知之理而益窮之[4]，以求至乎其極。至於用力之久，而一旦豁然貫通焉[5]；則眾物之表裏精粗無不到，而吾心之全體大用無不明矣。此謂物格。」」

此謂知之至也[6]。

注釋

1 此謂知本：宋儒程伊川與朱子都認為此句是多餘的文字，與上句重複，應刪除。

2 補之：下文「所謂致知在格物者」至「此謂物格」為朱子取程伊川之意而作的格物、致知補傳，因為他們認為傳中沒有進一步解釋格物、致知兩項，懷疑《大學》在流傳時文字有所缺漏。

3 「欲致吾之知」兩句：可簡稱為「即物窮理以致知」。這是朱子發揮《大學》的格物、致知觀念而成的主張。簡言之，他認為一切事物都有道德價值之理，故此必須一一窮究（即物窮理），以促進我們對於道德實踐的了解（致知）。

4 益：更加。

5 豁然：開通貌。

6 知之至：價值認知的極至。

譯文

這就是認知價值的根本。

〔上面是傳的第五章，因為對格物、致知的解釋，現在已經散佚了。我曾私下依照程伊川的意思寫成補傳：「經文中所說『致知在格物』的意思，是說想達致我們的道德價值的認知，在於就每一事物去窮究它的道理；因為人心的靈明是無所不知的，而世界的事物都有它的道德價值的道理。我們由於沒有窮盡所有事物的道理，故此我們的道德價值的認知便有不盡的地方。因此，《大學》最初教人，一定要令求學的人面對世界的事物時，都依循它們已知的道理而加以窮究，以求達到最高的境界。等到努力研究的時間久了，有一天心靈便會頓時開通，連繫到一切的道理；於是，所有事物的內外巨細都沒有忽略，同時，我們的心靈的整體及其實現便無所不知。這就是窮究事物。」〕

這就是價值認知的極至。

朱子就《大學》的內容及義理判斷它的原文有佚失，純粹出於推測，未必與事實相符；但他所寫的〈格物致知補傳〉，在義理上卻比原來《大學》的說法更完整和更有系統，這也是其《大學》定本日後較原本更為流行的主要原因。

朱子的觀點，屬宋明理學的程朱學派或即理學派，這與陸王學派或即心學派的觀點不同。他的即物窮理以致知的說法，與心學派代表人物王陽明的致良知的說法互相輝映，成為日後《大學》義理詮釋的兩大理論框架。以下講述兩人觀點的主要異同。

在相同之處來說，他們都肯定《大學》建立的工夫論是儒學中重要的環節，不可或缺。至於兩者不同的地方主要為：一、朱子着重道德的認知工夫（用《中庸》的說法是道問學工夫，用朱子的說法是知的工夫），而王陽明着重的卻是道德的實踐工夫（用《中庸》的說法是尊德性工夫，用朱子的說法是行的工夫）；由於道德工夫須有知的部分及行的部分，缺一不可（道德實踐時既須有自覺，也須身體力行），故此兩派的說法可說是相輔相成、互相補足的。二、朱子着重從凡人的境界（現實的角度）講工夫，因此，着重的是一般人的下學上達，須循序漸進，按步就班的做工夫；王陽明則着重從聖人的境界（理想的角度）講工夫，因此，着重的是道德君子的率性而為，講求當下即是的道德體驗與踐履。兩種說法由於立論層面不同，沒有根本的衝突，故此他們的說法可以並行不悖。

傳第六章

本篇導讀——

本章解釋八條目中的「誠意」。當中可分為四節。首節講誠意的內在意思，指所有行為必須出自真心，不能虛偽。次節講誠意的外在意思，即慎獨，指人若想做到誠實不虛、表裏如一，則獨處時亦要嚴守道德，謹慎不苟。第三節引曾子的話，要人即使是獨處時，仍要像有人看到般不作有違道德之事。末節説出人能誠意，則能修養好自己，令精神得到滿足。

所謂誠其意者[1]：毋自欺也[2]，如惡惡臭，如好好色[3]，此之謂自謙[4]；故君子必慎其獨也[5]。

注釋

1 誠其意：使意念真誠。

2 毋：不要。自欺：自己欺騙自己。

3 「如惡惡臭」兩句：第一個「惡」與「好」字為動詞，依次為厭惡及喜好的意思；第二個「惡」與「好」字為形容詞，依次為難聞的及美麗的之意。臭，指氣味；色，指女子。

4 謙：滿足。

5 慎其獨：獨處時須謹慎、不苟且。

譯文

說「人們必須使其意念真誠」的意思是：人們不要自我欺騙，好像厭惡難聞的氣味，喜好美麗的女子那樣出於真心，這就是自我滿足。因此，道德君子必須在獨處時謹慎不苟。

小人閒居為不善[1]，無所不至[2]，見君子而後厭然[3]，揜其不善而著其善[4]；

人之視己，如見其肺肝然，則何益矣；此謂誠於中[5]，形於外[6]；故君子必慎其獨也。

注釋

1 閒居：獨處。

2 無所不至：指做盡壞事。

3 厭然：躲藏的樣子。

4 揜（粵：掩；普：yǎn）：即「掩」，遮掩的意思。著：顯露。

5 中：指內心。

6 形於外：內心想着甚麼，外表上就表現出來，意思即行為都出於真心、不虛偽。

譯文

小人獨處時作惡，做盡壞事，見到道德君子時就躲藏起來，掩飾自己的惡而顯露自己的善。別人看見他，就像見到他的心肺肝臟那樣無法遮掩，掩飾自己有甚麼好處呢？這就是內心想着甚麼，外表上就表現出來。因此，道德君子必須在獨處時謹慎不苟。

曾子曰[1]：「十目所視，十手所指，其嚴乎[2]！」

注釋

1 曾子：孔子弟子，名參，字子輿。

2「十目所視」三句：曾子的話，是指我們獨處時亦須嚴守道德，有如許多人見到我們那樣。

譯文

曾子說：「獨處時也要像有許多眼睛看着自己，許多手指指着自己，必須對自己嚴格。」

富潤屋[1]，德潤身。心廣體胖[2]；故君子必誠其意。

注釋

1 潤：潤飾。

2 廣：寬平。胖：安泰。

譯文

財富可以裝飾房屋，道德也可以修飾身心。有道德的人，心胸寬廣、身體安泰。因此，道德君子必須使自己的意念真誠。

賞析與點評

本章討論「誠意」的篇幅不多，但日後儒者卻十分重視，並有許多討論。明代大儒劉蕺山甚至將其哲學思想稱為誠意慎獨之學。筆者以為，主要原因是八條目的最初幾項是道德工夫的基礎，但格物、致知兩項，《大學》卻語焉不詳，故此日後學者集中討論《大學》講述較多的、次第僅後於格物、致知的「誠意」一項。

另外，本章講誠意，同時又提出慎獨的主張。誠意着重內在意義的工夫，要人使內心的意念真誠；慎獨則着重外在意義的工夫，要人即使獨處時也像十目所視、十手所指那樣嚴守道德。《大學》作者看來以為這種外在工夫可促進內在的誠意工夫。

後來的宋明儒者，無論是程朱學派或陸王學派，都不重視外在意義的工夫，而專注於內在意義的工夫。理學派的代表朱子將誠意工夫看作行的工夫，將格物、致知工夫看作知的工夫，兩者都是以道德本心為基礎而作出的工夫；對於慎獨，大抵略而不談。心學派的王陽明講知行合一，更進一步指格物致知與誠意兩類工夫在實踐上是不可分割的，兩者二而一，一而二，可說是同一種工夫的兩方面；另外，王陽明大抵視慎獨為誠意的同義語，無獨立意義。

傳第七章

本篇導讀——

上一章講誠意，着重講端正意念的工夫，本章講正心，即側重講約束心理情緒的工夫。作者以為，正心工夫一方面是使憤怒、恐懼、喜愛、憂慮等情緒合於正道；另一方面，是使心意集中專注而不分散。

所謂修身在正其心者：身有所忿懥[1]，則不得其正[2]。有所恐懼，則不得其正。有所好樂[3]，則不得其正。有所憂患，則不得其正。心不在焉[4]，視而不見，聽而不聞，食而不知其味。此謂修身在正其心。

注釋

1 身：程伊川認為「身」當作「心」，主要指人的心理活動，特指情緒。忿懥（粵：至；普：zhì）：「忿」和「懥」都是憤怒的意思。

2 不得其正：不能合於正道。

3 好樂：「好」和「樂」都是喜愛的意思。

4 心不在焉：心意不能專注集中。焉，代詞，這裏之意。

譯文

說「培養德行的基礎在於端正心理情緒」的意思是：心裏懷着過於憤怒的情緒時，便不能合於正道；懷着過於恐懼的情緒時，便不能合於正道；懷着過於喜愛的情緒時，便不能合於正道；懷着過於憂慮的情緒時，便不能合於正道。當人們的心意不能專注集中時，看東西卻看不見，聽東西卻聽不到，吃東西卻不知道味道。這就是培養德行的基礎在於端正心理情緒的道理。

賞析與點評

本章討論約束心理情緒，並不是完全制止後者的活動，因為這是不可能的。作者的意思，應指防止心理情緒的泛濫無歸，使其都能合於正道，即合乎本心的反省。

傳第八章

本篇導讀——

上章講正心工夫，重在約束心理情緒；本章講修身工夫，則重在培養德行。在培養德行方面，人們須避免因對人的偏見（包括不合理的喜愛、憎惡、敬畏、憐憫及傲慢等）而不能實現德性。

所謂齊其家在修其身者：人之其所親愛而辟焉[1]。之其所賤惡而辟焉[2]。之其所畏敬而辟焉。之其所哀矜而辟焉[3]。之其所敖惰而辟焉[4]。故好而知其惡，惡而知其美者，天下鮮矣。

注釋

1 之：於，即對於。辟：同「僻」，偏頗之意。

2 賤：輕視。

3 哀矜：同情，憐憫。

4 敖：同「傲」，驕傲。惰：怠慢。

譯文

說「安頓家庭的基礎在於培養德行」的意思是：人們對於自己所喜愛的人而行為有所偏頗；對於自己所憎惡輕視的人而行為有所偏頗；對於自己所敬畏的人而行為有所偏頗；對於自己所憐憫的人而行為有所偏頗；對於自己輕視和怠慢的人而行為有所偏頗。因此，喜歡一個人而看到他的缺點，討厭一個人而看到他的優點，這樣的人世上少有。

故諺有之曰[1]：「人莫知其子之惡，莫知其苗之碩[2]。」此謂身不修，不可以齊其家。

注釋

1 諺：俗語。

2 碩：大，茁壯。

譯文

因此，俗語說：「人們不知道自己兒子的缺點，不知道自己莊稼的茁壯。」這就是德行未培養好，就不可以安頓好家庭的道理。

賞析與點評

本章討論培養德行，已由內在的精神方面，開始轉為外在的行為方面；所以，修身一義可說是行為的具體落實和完成。另一方面，以上各工夫歷程可理解為個人修養工夫，由此再進一步，則是社會修養工夫，將個人的德性推廣到家、國、天下的層面。

傳第九章

本篇導讀——

本章講治理國家的基礎在於安頓家庭，可分為四節。

首節說明了治理國家與安頓家庭（治國與齊家）的一致性。作者以為，兩者都以道德修養為基礎，而後者只是範圍的大與小上的分別，內容方面可說並無二致。詳言之，家庭的德目，是「孝、弟、慈」，依次是善待父母、兄長及子女；若將其推廣至國家的層面，則可成就國家的德目——「事君、事長、使眾」，依次是善待國君、長輩及人民。

次節舉《尚書・周書・康誥》的觀點，進一步說明君主的治國基礎在於善待人民。君主應如《康誥》所說，保育人民有如保育家中的嬰兒，因為若能將關愛兒女之情推廣開去，則君主便能愛民如子，這樣就可以治理好國家。

第三節，作者以正、反兩方面的事實為例證（正面的事例是堯、舜等聖君能治理好國家，反面的事例是桀、紂等暴君被人民推翻），說明君主能修養好自己的德性，並以身作則，則能治理好國家，使國家興盛；相反，君子若沒有修養好自己的德性，便樹立了壞榜樣，不能治理好國家，以致國家易於覆亡。

最後一節，作者引用《詩經》中三首詩，說明關愛家人、使家庭和睦是治理國家的關鍵。

所謂治國必先齊其家者：其家不可教[1]，而能教人者，無之。故君子不出家，而成教於國。孝者，所以事君也；弟者[2]，所以事長也[3]；慈者，所以使眾也[4]。

注釋

1 教：指教化。
2 弟（粵：第；普：tì）：同「悌」，即弟弟敬愛、順從兄長。
3 長（粵：掌；普：zhǎng）：指長輩。
4 使眾：令人民服從統治。

譯文

所謂「治理國家之先，必先安頓家庭」的意思是：如果家庭的教化做得不好而能教化國人，是不可能的。因此，道德君子不必離開家庭的範圍而能教化國人。孝順父母，是服從君主的基礎；敬愛兄長，是服侍長輩的基礎；關愛子女，是統治人民的基礎。

賞析與點評

「孝、弟、慈」是家庭中的德目，依次是善待父母、兄長及子女，而「事君、事長、使眾」則是國家中的德目，依次是善待國君、長輩及人民；作者以為家庭的德目是國家的德目的基礎，做好前者就可以做好後者。

《康誥》曰：「如保赤子[1]。」心誠求之，雖不中不遠矣[2]，未有學養子而後嫁者也。

注釋

1 如保赤子：保育人民如母親保育嬰兒一樣。

2 中：原意為發箭中目的，引申為符合之意。

譯文

《尚書·周書·康誥》說：「保育人民如母親保育嬰兒一樣。」只要我們真誠地想保育人民，雖然不必完全符合，但亦相差不遠。這個道理，就好像婦女不須學習養育子女然後才出嫁一樣。

一家仁，一國興仁；一家讓，一國興讓；一人貪戾[1]，一國作亂。其機如此[2]，此謂一言僨事[3]，一人定國。堯舜帥天下以仁[4]，而民從之。桀紂帥天下以暴[5]，而民從之。其所令反其所好，而民不從。是故君子有諸己而後求諸人；無諸己而後非諸人[6]。所藏乎身不恕而能喻諸人者[7]，未之有也；故治國在齊其家。

注釋

1 貪戾：貪婪、暴戾。

2 機：原意為弩箭上的發動機關，引申為關鍵。

3 僨（粵：憤；普：fèn）：原意為跌倒，引申為失敗、覆敗。

4 堯舜：即堯帝和舜帝，是儒家傳統所說的聖君代表。

5 桀紂：桀王與紂王依次是夏代及商代的最後的君主，是傳統所說的暴君代表。帥：同「率」，率領、統率之意。

6 「是故君子有諸己而後求諸人」兩句：指道德君子自己做得到的，才要求別人也做到；自己不這樣做的，才要求別人也不這樣做。諸：「之於」的合音。

7 恕：即儒家講的恕道。孔子在《論語》中說：「己所不欲，勿施於人。」即是說自己不想得到的對待，也不要那樣對待人，這種推己及人、將心比心的德性就是恕道。喻：明白、了解。

譯文

君主的家庭講仁愛，國家便會興起仁愛；君主的家庭講禮讓，一個國家便會興起禮讓；君主個人貪婪暴戾，國家便會有動亂。當中的關鍵就是這樣，這就是一般所謂一句話就可使國家覆亡，一個人就可以使國家安定。堯帝和舜帝以仁愛統領天下，而人民就會跟隨他們實現仁愛；桀王和紂王以暴虐統領天下，而人民就會跟隨他們實現暴虐。如果君主命令人民做與他自己的喜好相反的事情，人民是不會順從的。因此，道德君子自己做得到的，才要求別人也做到；自己不這樣做的，才要求別人也不這樣做。如果君主自己不採取推己及人的恕道而令人民能明白他的意思去做，這是不會發生的事情。因此，治理國家的基礎就在於安頓家庭。

《詩》云[1]：「桃之夭夭[2]，其葉蓁蓁[3]，之子于歸[4]，宜其家人[5]。」宜其家人，而後可以教國人。《詩》云[6]：「宜兄宜弟。」宜兄宜弟，而後可以教國人。《詩》云[7]：「其儀不忒[8]，正是四國。」其為父子兄弟足法，而後民法之也。此謂治國在齊其家。

注釋

1 《詩》：這裏指《詩經・周南・桃夭》。

2 桃：詩中以桃來比譬女子。夭夭：鮮嫩、美麗的樣子。

3 蓁蓁（粵：津；普：zhēn）：茂盛、美麗的樣子。

4 之子：之即此，之子即這個女子之意。于歸：于是往的意思，歸指歸家，因為女子出嫁有家，故此于歸指女子出嫁。

5 宜：善，這裏指使人和睦相處。

6《詩》：這裏指《詩經・小雅・蓼蕭》。

7《詩》：這裏指《詩經・曹風・鳲鳩》。

8 儀：儀表、操守。忒（粵：剔；普：tè）：差錯。

譯文

《詩經・周南・桃夭》說：「這個出嫁的女子，就像鮮嫩、茂盛、美麗的桃樹，能使其家人和睦。」能使家人和睦，就能使國人得到教化。《詩經・小雅・蓼蕭》說：「使兄弟和睦。」能使兄弟和睦，就能使國人得到教化。《詩經・曹風・鳲鳩》說：「君主的儀表、操守沒有差錯，可以匡正四方的國邦。」君主作為父親、兒子、兄弟時的行為可以成為模範，然後人民才會效法他。這就是治理國家的基礎，在於安頓家庭。

本章講治國的基礎在齊家，是繼承和發揮孟子的「天下之本在國，國之本在家，家之本在身」（《孟子·離婁上》）的觀點，這種觀點在政治學上可稱為德治思想——政治須以道德為基礎。

在此意義下，德治思想並無問題，因為政治須以道德為基礎，有其合理的一面。即使現代所講的民主政治，也可說是一種德治，因為民主政治的基礎在於自由、人權這些普世價值，它們並非經驗對象，而是人們的道德反省，尊重每個人的天賦權利，包括人身自由、思想自由、言論自由、宗教自由等等。故此，一般人常將傳統文化的德治與現代社會的法治對立，其實並不準確。

不過，話說回來，儒家傳統講德治，與現代民主政治比較，卻有一明顯缺點。統治者的道德操守，只是政治的必要條件，民主政治也有這方面的肯斷。故此，民主社會裏若統治者的道德操守有問題，特別是誠信等與統治有較密切關係的問題，也會被人民推翻。然而，道德只是眾多必要條件之一，其他如統治者的才能、政治制度的完善等等，儒家傳統都忽略了，這是我們在現代講民主政治的時候必須明白的。

傳第十章

本篇導讀——

本章主要講道德君子如何治國平天下，這涉及政治思想方面，如前一章筆者所說，《大學》講的是德治思想，即將統治者的個人道德實踐引申到治理國家方面去。這方面，牽涉甚廣，故作者花了許多篇幅詳細說明，可以分以下五節：

第一節，說明了本章的一個重要觀念——絜矩之道。後者可說是傳統講的推己及人之道（即恕道）在政治方面的引申。當中涵有二義：一是恕道的本義，即推己及人的精神；二是恕道在政治方面的引申義，指君主須以身作則來感召人民，令人民能興起孝悌等道德價值實踐的風氣。

第二節，引用《詩經》三首詩歌，說明君主施政必須以人民的意願為依歸，以及治國成敗的關鍵在於民心的向背——得民心便可治理好國家，失民心便會使國家覆亡。

第三節，清楚說明道德是治國的基礎，故此，道德是根本，其他的事物（主要是財貨等事物）是末用（枝節）。這裏以財聚民散、財散民聚來說明分清本末之利及本末倒置之弊。

第四節，提出了君主任用賢能與善於理財的重要性。在前者來說，其基礎在道德方面，因為君主若有好的道德修養，則不會妒忌有才德的人，就能任用賢能；相反，若君主沒有好的道德修養，便會妒忌有才德的人，不能任用賢能。在後者來說，除了如上節強調道德是獲得財物的基礎外，更提出了古代一重要經濟原則——生眾食寡、為疾用舒，即從事生產的人口多，不事生產而依靠別人的人口少；生產財貨的速度快，財貨的消費速度慢；這也就是量入為出的審慎理財原則。

最後一節，是上兩節的補充說明——君主處理道德與財物的關係，應將孔孟等先儒的義利之辨學說應用到治國方面，即治國以仁義為本、利益為末，或即作者說的國家「不以利為利，而以義為利」，即不視利益為利益，而視仁義為利益。

所謂平天下在治其國者：上老老[1]，而民興孝；上長長[2]，而民興弟；上恤孤[3]，而民不倍[4]。是以君子有絜矩之道也[5]。所惡於上，毋以使下。所惡於下，毋以事上。所惡於前，毋以先後。所惡於後，毋以從前。所惡於右，毋以交於左。

所惡於左，毋以交於右[6]**。此之謂絜矩之道。**

注釋

1 老老：與下文「長長」詞組構詞方式相同，前一詞為動詞，後一詞為名詞。老老意指孝順父母，屬孝道，推而廣之則指尊敬老人家。

2 長長：指敬重兄長，屬悌道，推廣而言指尊重長輩。

3 恤：體恤，周濟。孤：專指孤兒，可推廣為無依的後輩。

4 倍：通「背」，背棄。

5 絜矩之道：絜矩之道有二義：一是將心比心、推己及人的道理；二是以身作則的示範道理。絜，量度。矩，畫方形用的工具，引申為法度、規則。

6 「所惡於上」十二句：句式相同，其意為道德君子應能推己及人，因應人處身的不同地位或情況（上下四方可看作比喻）而善待人。

譯文

之所以說平定天下的基礎在於治理國家，是指：如果君主能尊敬老人家，則人民也能尊敬老人家；如果君主能尊重長輩，則人民也能尊重長輩；如果君主能體恤、周濟無依的後輩，則人民也能體恤、周濟無依的後輩。因此，君主須實行推己及人、以身作則的道理。如在上位者的行為為我所厭惡，我便不以這行為對待在下位者；如在下位者的行為為我所厭惡，我便不以這行為對待在上位者；如前面的人的行為為我所厭惡，我便不以這行為對待後面的人；如後面的人的行為為我所厭惡，我便不以這行為對待前面的人；如右面的人的行為為我所厭惡，我便不以這行為對待左面的人；如左面的人的行為為我所厭惡，我便不以這行為對待右面的人。這就是推己及人、以身作則的道理。

《詩》云[1]：「樂只君子[2]，民之父母[3]。」民之所好好之，民之所惡惡之[4]。此之謂民之父母。《詩》云[5]：「節彼南山[6]，維石巖巖[7]。赫赫師尹[8]，民具爾瞻[9]。」有國者不可以不慎。辟則為天下僇矣[10]。《詩》云[11]：「殷之未喪師[12]，克配上帝[13]。儀監于殷[14]，峻命不易[15]。」道得眾[16]，則得國；失眾，則失國。

注釋

1 《詩》：此指《詩經・小雅・南山有臺》。

2 樂：快樂，喜悅。只：語助詞，無實義。

3 民之父母：比喻好的君主就像父母對子女那樣關懷和照顧人民。

4 「民之所好好之」兩句：指君主施政應以人民的意願（喜好與厭惡）為依歸。

5 《詩》：此指《詩經・小雅・節南山》。

6 節：截然高大貌。

7 維：發語詞，無實義。巖巖：險峻的樣子。

8 赫赫：威嚴的意思。師尹：太師尹氏；太師是周代的三公之一。此位尹太師因勾結小人，禍亂國政，是詩中譴責的對象。

9 具：同「俱」。瞻：看。

10 辟：同「僻」，偏離正道。僇：同「戮」，誅殺之意。

11 《詩》：此指《詩經・大雅・文王》。

12 殷：指商朝。師：民眾。

13 克配：能夠符合。上帝：詩中原指人格神，作者則指天道。

14 儀：同「宜」，應該。監：鑒戒。

15 峻命：大命，即天命。不易：指不容易保有。

16 道：道理，此指治國的原則。

譯文

《詩經．小雅．南山有臺》說：「快樂的明君，就像人民的父母。」人民喜歡的，他就喜歡，人民不喜歡的，他就不喜歡。這就是所謂君主像人民的父母。《詩經．小雅．節南山》說：「高大的南山，岩石高聳險峻，威嚴的太師尹氏，人民都會看着你的所作所為。」治理國家的人不可以不小心謹慎。如果偏離正道，則會被天下人民所誅殺。《詩經．大雅．文王》說：「商朝未失去民眾的時候，是能夠符合天道的。君主應以商朝為鑒，天命是不容易保有的。」得民心便可治理好國家，失民心便會使國家覆亡。

是故君子先慎乎德[1]。有德此有人；有人此有土；有土此有財；有財此有用[2]。德者本也，財者末也。外本內末[3]，爭民施奪[4]。是故財聚則民散。財散則民聚。是故言悖而出者亦悖而入[5]；貨悖而入者亦悖而出。

注釋

1 先慎乎德：以修養德性為優先。

2 此：乃，才之意。

3 外：忽略。內：重視。

4 爭民：與民爭利。施奪：施行劫奪。

5 悖：違背之意，這裏指不合理的意思。

譯文

因此，道德君子應該以修德為優先。君主有了道德修養，就會有人民歸附；有了人民歸附，就會有土地；有了土地，就會有財貨；有了財貨，就會有足夠的生活使用。道德是根本，財貨是枝節。如果君主忽略道德，重視財貨；那麼，便是與民爭利，對人民施行劫奪。君主重財輕德，則人民便會離棄；君主輕財重德，則人民便會歸附。君主如果說話不合理，那麼人民也會以不合理的話回應；君主若以不合理的方式奪取人民的財貨，那麼人民也會以不合理的方式奪回君主的財貨。

康誥曰：「惟命不于常[1]。」道善則得之，不善則失之矣。《楚書》曰[2]：「楚國無以為寶；惟善以為寶。」舅犯曰[3]：「亡人[4]，無以為寶；仁親以為寶。」

《秦誓》曰[5]：「若有一个臣[6]，斷斷兮[7]，無他技[8]，其心休休焉[9]，其如有容焉[10]，人之有技，若己有之，人之彥聖[11]，其心好之，不啻若自其口出[12]，實能容之；以能保我子孫黎民，尚亦有利哉。人之有技，媢嫉以惡之[13]，人之彥聖而違之[14]，俾不通[15]，實不能容；以不能保我子孫黎民，亦曰殆哉。」惟仁人放流之，迸諸四夷[16]，不與同中國[17]。此謂惟仁人為能愛人，能惡人。見賢而不能舉，舉而不能先，命也[18]。見不善而不能退，退而不能遠，過也。好人之所惡，惡人之所好，是謂拂人之性[19]，菑必逮夫身[20]。是故君子有大道，必忠信以得之，驕泰以失之[21]。生財有大道，生之者眾，食之者寡，為之者疾[22]，用之者舒[23]，則財恆足矣。仁者，以財發身[24]。不仁者，以身發財。未有上好仁，而下不好義者也；未有好義其事不終者也；未有府庫財非其財者也[25]。

注釋

1 惟命不于常：天命並非永恆不變，不會永遠屬於一家一姓。

2 《楚書》：為楚昭王時史書。楚昭王派王孫圉出使晉國。晉國趙簡子問楚國珍寶美玉現在怎麼了。王孫圉說楚國從來沒有把美玉當作珍寶，只是把善人如觀射父這樣的大臣看作珍寶，事見《國語．楚語》。

3 舅犯：晉文公重耳的舅舅狐偃，字子犯。

4 亡人：流亡的人，指重耳。魯僖公四年十二月，晉獻公因受驪姬的讒言，逼迫太子申生自縊而死。重耳避難逃亡在外。在狄國時，晉獻公逝世。秦穆公派人勸重耳歸國掌政。重耳將此事告訴子犯，子犯以為不可，對重耳說了這幾句話，語見《禮記．檀弓下》。

5 《秦誓》：《尚書．周書》中的一篇。

6 个：即「箇」字，今作「個」。

7 斷斷：真誠的樣子。

8 技：技能。

9 休休：寬宏大量。

10 有容：有容人之量。

11 彥聖：指德才兼備。彥，美；聖，明。

12 不啻：不但。

13 娼（粵：冒；普：mào）嫉：嫉妒。

14 違：阻抑。

15 俾：使。

16 迸：同「摒」，摒棄。**四夷**：四方的落後的民族。

17 **中國**：國內的中心地區，即中原，與今天我們說中國的意義不同；不與同中國：不讓他們與自己一起住在中原。

18 **命**：漢儒鄭玄以為是慢字之誤，慢即輕慢之意。

19 **拂**：違反。

20 **菑**（粵：災；普：zāi）：古「災」字。**逮**：到。

21 **驕泰**：驕橫放縱。

22 **疾**：迅速。

23 **舒**：緩慢。

24 **以財發身**：犧牲財貨以成就自身的德行。

25 **府庫**：國家收藏財物的地方。

譯文

《康誥》說：「天命並非永恆不變，不會永遠屬於一家一姓。」有道德修養的君主能治理好國家；相反，沒有道德修養的君主則不能治理好國家。《楚書》說：「楚國沒有甚麼寶物，惟有道德價值才是寶物。」晉文公的舅舅狐偃說：「晉文公沒有寶物，仁義道德才是他的寶物。」《秦誓》說：「如果有一個臣子很專誠，沒有甚麼技能，但心胸寬廣，有容人之量，人們有甚麼技能，他能視如己有，當他遇到才德之士，他心悅誠服，不只是口頭上說說，而是真的包容。這種人能保護培養我們的子孫和人民，對國家可說是好事。相反，如果別人有本領，他就嫉妒厭惡，排斥有才德之士，令才德之士受阻隔，這並不是包容；這樣不能保護培養我們的子孫和人民，這對國家可說是很危險的。」惟有仁義的人，會將忌才的人流放，將他們放逐到四方的落後民族，不讓他們與自己一起住在中原。這就是：惟有有仁義的人能真正愛好好人，真正討厭壞人。不仁的人遇到好的人才不能推舉，就算推舉也不是放在首要位置，這是輕慢的做法。不仁的人遇到壞人不會保持距離，就算保持距離也不會疏遠，這是錯誤的做法。愛好別人討厭的，討厭別人愛好的，這是違反人的本性，禍害將會臨到自己身上。因此，道德君子待人處世的大道理，就是忠誠守信，這樣可得到天下，驕橫放縱則會失去天下。至於發展經濟的大道理，是從事生產的人口多，不事生產而依靠別人的人口少；生產財貨的速度快，財貨的消費速度慢。這樣，國家財物就常常充裕。有仁義的人，犧牲財貨以成就自身的德行；無仁義的人，犧牲自身的德行以成就財貨。世上沒有在上位者愛好仁德而在下位者不好忠義的；沒有在下位者不好忠義的；不會有喜愛忠義的人治理不好國家的；沒有國庫裏的財物不是屬於國君的。

孟獻子曰[1]：「畜馬乘[2]，不察於雞豚[3]。伐冰之家不畜牛羊[4]。百乘之家不畜聚斂之臣[5]。與其有聚斂之臣[6]，寧有盜臣[7]。此謂國不以利為利，以義為利也。」長國家而務財用者[8]，必自小人矣。彼為善之，小人之使為國家，菑害並至，雖有善者，亦無如之何矣[9]。此謂國不以利為利，以義為利也。

注釋

1 孟獻子：魯國大夫，姓仲孫名蔑，獻子是諡號。
2 畜馬乘：是士人初做大夫的待遇。畜，養。乘，指用四匹馬拉的車。
3 察：關注。豚：小豬。
4 伐冰之家：指喪祭時能用冰保存遺體的人家，這是卿大夫類高官的待遇。
5 百乘之家：擁有一百輛馬車的人家，指有封地的諸侯王。
6 聚斂之臣：搜刮錢財的家臣。
7 盜臣：盜竊主人家財物的家臣。
8 長國家：掌管國家者，指君主。長，動詞，掌管。務財用：以搜刮錢財為要務。
9 無如之何：沒有辦法。

譯文

孟獻子說：「具備馬匹初做大夫的士人，不會關注養雞和豬的事；祭祀能用冰的卿大夫類高官，不會飼養牛羊；有百輛兵車的諸侯王，不收養聚斂財物的家臣。道德君子寧願收養偷盜自家財物的家臣，而不願收養聚斂財物的家臣，這就是治理國家不視利益為利益，而視仁義為利益的道理。」掌管國家而以聚斂為要務的人，這就是小人了。小人擅長聚斂財貨，如果他們成為一國之主，那麼國家便會災害頻生，這時雖然有道德君子，但對此也無辦法挽救。這就是治理國家不視利益為利益，而視仁義為利益的道理。

賞析與點評

上一章可説是泛説德治思想，而本章則是較專門地討論德治思想。當中，特別側重在以德治思想處理任用賢能及發展經濟兩方面。

在任用賢能方面，強調君主道德修養的重要性，因為君主有好的道德修養，就不會忌才，這樣才能任用賢能。在發展經濟方面，亦強調君主道德修養的重要性，因為君主若以道德為財物的基礎，就會較容易符合生眾食寡、為疾用舒的審慎理財原則。相反，如果不以道德為財物的基礎，則會洗費無度，國庫空虛。

另外，本章是最後一章，可以在這裏扼要總結全書的觀點。朱子在其《大學章句》講〈傳第十章〉時，總結全書說：「前四章統論綱領指趣；後六章細論條目工夫。其第五章乃明善之要。第六章乃誠身之本，在初學；尤為當務之急。讀者不可以其近而忽之也。」其大意是指傳的前四章講三綱領、八條目的大原則，而後六章則具體講述工夫的細節。當中，第五章講格物、致知，第六章講誠意，是德性工夫的基礎，是初學者最須注意的地方。朱子的說法，以《大學》全書來看，是十分中肯的。

中庸

《中庸》的現代意義
——《中庸》導讀

方世豪

一、《中庸》及其作者

《中庸》本是《禮記》的其中一篇。《禮記》應是《禮經》的輔助資料，即現在看到的《儀禮》的輔助資料，內容大部分和《儀禮》互相配合。而其中有極少數篇章是和《儀禮》不緊密配合的，《中庸》就屬於這一類。

由漢至唐，《中庸》都是《禮記》的其中一篇，自宋以後，地位便大大提升。因為程朱理學以弘揚儒學自任，特別看重《大學》、《中庸》兩篇。朱熹把這兩篇由《禮記》中抽出來，和《論語》、《孟子》看齊，認為這是儒學道統所在。朱熹撰《大學章句》、《中庸章句》、《論語集注》、《孟子集注》，合稱《四書》，令《大學》、《中庸》離開《禮記》而獨立出來。朱熹死後，朝廷把《四書》立為官學，從此獨立成為一經典，這可算是《中庸》地位的一大變。

《禮記》不是一人一時的作品，有記載的多數是孔學後人所作。《中庸》就是其中一篇，孔穎達《禮記正義》引鄭玄《三禮目錄》云：「孔子之孫子思伋作之，以昭明聖祖之德。」《隋書・音樂志》引沈約《奏答》云：「〈中庸〉、〈表記〉、〈坊記〉、〈緇衣〉皆取《子思子》。」即是沈約認為《中庸》是子思所作。

漢代鄭玄也以為《中庸》是子思的作品，朱熹繼承這個說法，但後來有很多學者懷疑這個說法，至今仍未有定論。現在先放下考據問題，由《中庸》的內容來看，《中庸》應是孔門後學，或孟子後學所作，這是沒有問題的。孔門後學經歷過墨子、莊子、荀子之學的思想，所以會對應諸子所提出的問題，也會使用諸子的某些名詞，或改變某些名詞的意義來引申儒學的意思，繼承孔孟儒學的傳統。故此，朱熹認為《中庸》是孔門儒學的一貫傳統，這是沒有錯的。《中庸》被後來的儒者視為傳授孔門心法的作品，所以《中庸》成書應在孔孟之後，而內容也應是《論語》、《孟子》的歸結。孟子之後，經過莊子、荀子的學說質疑，到《中庸》所說的內容，就能夠釋除莊子、荀子對於孟子主張性善的一些質疑。《中庸》可說是重新說明孟子性善意思的作品。《中庸》用一個真實的「誠」，作為人成己成物的德性，而且通過「誠」，可以貫通到人的自然生命和天地萬物的生命。這個說法應可解除莊子和荀子的疑難，所以《中庸》成書應在莊子和荀子之後。

二、由兩件小事說起

在討論《中庸》理論前，先說說故事。曾經看過這樣兩件關於中國知識分子的小事[1]，話說在八十年代時，美國著名華人學者林先生從美國來到上海講學，當時天氣很酷熱，國內一名青年學者希望聆聽林先生的演講，於是用了一個小時騎自行車前往參加。因為騎了一小時自行車，加上天氣很炎熱，所以青年學者到達時已十分疲倦。他一到課室的門口，便點燃了一枝煙，大概想休息一下。林先生看見這名參加者點了煙，即時當眾指責他：「這裏是公共場合，你怎麼可以抽煙？房間不大，你不是污染了空氣，干預了別人的自由嗎？」這個學者立即反駁：「林先生，這裏不是美國，我不是開汽車，而是騎自行車過來的。騎自行車一小時的疲倦，你能夠體會嗎？」

這件事發生於八十年代，在差不多十年後，這名學者在文章中回憶起這件事時，只是淡淡地說了一句：「當時年輕氣盛。」除此以外，就沒有多一些深刻反省的話。「這裏不是美國」和「騎自行車一小時的疲倦，你能夠體會嗎？」司徒華先生說聽到這兩句話，刺痛到幾乎抖顫起

1 見司徒華著《捨命陪君子》。

來。這兩句話的問題在哪裏呢？難道只是在美國才不應該在房間不大的公共場合抽煙？在中國便可以？只是在美國才不應該污染空氣，影響別人嗎？為甚麼這名知識分子要用這個標準來區分美國和中國呢？騎自行車一小時，感覺很疲倦，只是個人的事，難道就因為自己疲倦，而要來自美國常常開汽車的人體會一下自己的疲倦嗎？要別人對個人在房間不大的公共場合抽煙視而不見，置諸不理嗎？更何況，別人又怎會知道你騎了一小時自行車呢？難道疲倦便可以有特權嗎？

第二件事是由這名學者轉述的。話說在八十年代初，北京一位學界名人第一次訪問美國，然後又回到中國。這名學者為另一名老學者抱不平，說：「某公，林毓生、余英時、杜維明在海外學界的地位，原本是你和我的位置啊！」林、余、杜都是美國著名的華人學者，這句話反映了甚麼問題呢？可能是中國人閉關百多年，知識也封閉了百年，於是覺得海外的學術文化成就和國內差距很大。但可惜這名現代中國知識分子想到的，不是急起直追，迎頭趕上，而是個人的地位、個人的位置。「地位」和「位置」的字眼確是令人刺痛！

關於抽煙一事，為何青年學者會這樣反駁？我以為由這些話可以看到他對美國的羨慕和妒忌，那種羨慕和卑屈溢於言表。他的不滿，來自於他覺得中國不及美國，覺得中國窮，自己窮，感到羨慕和卑屈，所以變成完全崇洋，完全為錢、為地位而崇洋。在他心裏面，理想已失落了，便不再說道理；對於抽煙合不合理的問題，完全不在他的考慮範圍。由此可見，這名中國現代知識分子已成為一個自私、沒有胸襟、沒有氣概、沒有反省能力的知識分子。中國文化的發展豈不是很可哀嗎？

關於學界地位一事，為甚麼北京學者會有這樣的感歎？因為這位學者心中所想的，都離不開個人的名位。他關心的不是學術文化，不是老百姓，不是中國人的生命，而是個人的名位。他只覺得美國好，他甚至較新文化運動時的知識分子更崇洋。這就是中國文化近百年來的失敗，其實就是文化思想教育的失敗。

作為一個中國現代知識分子，在中西文化衝擊的大時代中，本應立志發奮，做一個頂天立地的中國人，承擔起承傳中國文化的使命。但為何現代中國知識分子沒有呢？原因是：現代教育沒有教人立志發心，培養人的深情大願。中國人以前就是教人成聖、成賢，做君子，為天地立心，為生民立命，為往聖繼絕學，為萬世開太平。可是現在都不講這些了，講也給人笑話。中國人如只是覺得羨慕和卑屈，又如何承擔起中國文化的未來呢？

《中庸》說的便是中國人教人立志發心，教人做君子、做聖人的教育。《中庸》說「盡性立誠」，就是要去除人心中夾雜的羨慕和卑屈，然後做一個堂堂正正的君子，成就自己，成就別人，成就世界。《中庸》對今天的中國人是別具意義的。

三、《中庸》之學大要

(一) 誠是一切德行的根據[2]

現在看看《中庸》如何說成為君子的理論。《中庸》所說之道是率性之道，也即是誠之道。要成為君子，便要踐行誠之道。「誠」的概念，以前孟子也用過，《中庸》句子中的「誠」，大部分和孟子說的「誠」的意思相同。不過，孟子沒有用「誠」來統括人一切德行的說法，而《中庸》則說一切德行都以誠為本，包括：三達德：智、仁、勇；五達道：君臣、父子、夫婦、兄弟、朋友；治理天下的九經：修身、尊賢、親親、敬大臣、體群臣、子庶民、來百工、柔遠人、懷諸侯；為學：博學、審問、慎思、明辨、篤行。一切天人之道也要以誠為本，以誠為本才能夠貫徹始終。所以《中庸》說：「誠者，物之終始，不誠無物。」為甚麼《中庸》的作者能夠想到，而且說得出「誠」的重要，而專門用「誠」來作為立說中心呢？因為《中庸》的作者知道，在加強各種道德修養時，人心中往往不免有各種考慮和私慾夾雜其間，有很多不是實踐

2 本節內容主要根據唐君毅先生著《中國哲學原論．原性篇》和《人文精神之重建》而編寫。如想作更深入的了解，可參考原書。

德行時應該有的內容夾雜其間，所以令人的德行不能繼續下去。即使原本有道德行為，最終也變成沒有。所以《中庸》的作者才要說明「誠」的重要。

《中庸》認為誠和不誠的分別，就是君子之所以為君子，是一切德行生死存亡的關鍵，所以《中庸》的作者不能不用「誠」來說明。用「誠」來說明，不是孔子的說法。孔子是聖賢，聖賢的教導是開始形態，而《中庸》用誠來教導是歸結形態。孔子的教導，是舉仁孝來說明；孟子的教導，是就人當下表現的不忍之心、羞惡之心予以指點，令人知道自己心中的仁義是用之不盡的。孔子和孟子都着重正面昭示人生道理。孟子提到誠，叫人「思誠」，說不誠不能動人；但這樣說誠，只是勉勵人實踐道德，並非針對人心中有所夾雜而言，所以仍然是正面的說法。到荀子說人性惡，便不只是正面說人性。荀子知道「人心之危，道心之微」，於是提出人心要努力做戒懼工夫，因為人心原來是可以不合乎理、不合乎道的。他知道人要持守仁義是很不容易的，所以也特別着重「誠」的工夫。到《中庸》時，便進一步說「不誠無物」，令人警惕的意思就更加深刻了。《中庸》認為君子不能不時時刻刻對誠存有敬畏之心，所謂「君子戒慎乎其所不睹，恐懼乎其所不聞」，這是孔孟所沒有說的。另一方面，《中庸》的誠，不只是道德修養工夫，更有成就存在事物的本體意義。所謂「不誠無物」的說法，也是孔孟所沒有的，所以《中庸》是特別針對人心中有所夾雜而提出誠的教化，這種說法是教化歸結形態而不是開始形態。

「誠」之所以能夠是君子一切德行之本，是因為作為一個君子，一切德行如恕、孝、忠、勇等，無論有甚麼不同，都一定要純粹而沒有私慾夾雜的，這樣才算是真正完成了德行。此外，德行一定要持續不斷地實踐下去，才算是完成一個德行。例如：信，君子要時時刻刻做一個有信用的人，才算真正完成了信的德行，倘若只做一次，第二次便因為心中有私慾夾雜，如希望增加自己的名聲等，這個信的德行便未算完成，中斷了，不能繼續下去。君子的德行能夠做到純粹沒有夾雜和持續不斷，就是《中庸》所說的誠之道。人能夠「誠」，才有真正的德行。誠之道一定要存在於一切德行中，德行才真正成為德行。所以誠之道，便是一切德行能夠實踐、能夠完成的超越保證和根據。所以說，誠能夠涵攝一切德行的實踐和完成，可以稱為一切德行的道，或一切德行的德。

誠，作為一種德行來說，是要令到人的一切德行之中，沒有夾雜其他私慾。人要常做存敬畏和戒慎恐懼之工夫，克制和去除夾雜的意念。這些夾雜的意念是反面的元素，是不道德的。誠，就是要反對這些反面的夾雜，要反對反面的，令人歸回純一的、正面的道德，使人成為君子。誠，作為一種德行，也是要令一切德行能夠持續不斷，不會失去。用哲學的語言說，如果德行不能夠持續不斷，即是德行可以由有變成無。例如：人原本有信這個德行，但因為想要有「這個人很有信用」的名聲而去做，便把原有的信變成不是真誠的信，這就不算是德行了，即由有入無。誠，就是要人面對這個「可以無」的可能性，希望德行實踐中沒有這個「可以無」的出現，這樣就可以令人持續不斷地實踐德行，令人可以保存這個德行而成為真正的君子。

人一般的德行，最初都是人心的自然流露，然後表現在行為上，就像孩童愛親敬長般。這些道德表現最初都是沒有私慾夾雜的，人最初也沒有考慮到德行能不能繼續的問題；但現實中，人的表現確是會變成有私慾夾雜。例如：當人有自然生命慾望，例如：食、色，出現後便容易有所夾雜，荀子在〈性惡篇〉說：「妻子具而孝衰於親，嗜欲得而信衰於友。」即是有了自己的家庭後，對父母的孝敬便少了，為了嗜好慾望得到滿足，對朋友的誠信也減弱了。又例如：人會想用仁義心的表現來求取名聲。這些道德行為便是有所夾雜，有了這些夾雜，原本自然流露的道德便會因為變成不道德而中斷，即是道德仍然未能成為自己的德行，也即是人只看見德行的開始出現，而未見到德行的完成。

德行由開始到完成，就要靠誠的修養工夫。誠的工夫之所以可能，是因為人有「自己實踐誠」的德性。誠，不只是人德性自然表現於行為的根據，也是人能夠自己去除夾雜，令德性能夠持續不斷完成的根據。即是只有「人自己能夠誠」的德性，才是人真正的德性。真正的德性，不只是表現成為德行，令道德行為發生，還要去除其中的夾雜，令到人的德行持續不斷地實踐下去，令到德行成為純一、真正的德行。由真正的德行可見到絕對的真實和絕對的善，沒有不善。所以人想成為一個道德的人，除了誠，除了率性、盡性以外，再沒有其他工夫了。所以《中庸》一開始就說「率性之謂道」，而最後用「盡性」來終結。

(二)《中庸》與孟、莊、荀的不同

《中庸》由「率性」開始，歸結於「盡性」，這種說法和孟子、莊子、荀子的思想都有所不同。孟子說盡心知性，存心養性，莊子說復性，荀子說化性，都沒有《中庸》率性、盡性的說法。

孟子說盡心知性，是說人由惻隱之心的呈現，而知道自己能夠有道德心的呈現，有趨向擴充道德心的本性，所以要不讓它消失，也不勉力助長，要做「集義」的工夫來養氣而養性。「集義」的義，是指合乎義的行事，合乎義的行事是人善心的表現。「集義」就是集合善心的表現，令人善心的性可以越來越擴充，善心的表現能不斷繼續，所以孟子認為盡心就是知性，他沒有指出人性消極的一面，也沒有說明怎樣對付人心中不善的夾雜和怎樣戒慎恐懼，只從正面積極的方面討論。

莊子說復性，認為人會跟從心知而向外追逐，因而離開人性的本源，令人變得憂慮，喪失了人應有的德性。所以莊子認為一定要引導心知返回人性的本源，回到人心直接感通的當下際遇，這樣才能培養人之性，才能恢復人之性。

荀子說化性，認為能夠化性的，就是「心」。人用誠可以培養這個「心」。在荀子的論述中，心和性是相對的，以心為主，性是惡的，心能化性，而心和性是能治和被治的關係。但荀子沒有說出心「能夠自己誠」這個心之性，也沒有說這個心之性是善的，而只是把心和性對比來說，說被治的性是惡的，沒有說心之性是善的。

莊子的性是要等待恢復的，不能夠自己盡性。荀子的性惡，就更加是被治的，不能盡性。莊子和荀子都沒有盡性的說法。孟子說盡心知性，是盡善心而知善性，心能盡而知善性即是盡性，不必再說一層盡性工夫。因此孟子沒有說因為性有所夾雜而未能盡的性，沒有說要去除夾雜。孟子提出的是一個正面的直接工夫，沒有這些去除夾雜的轉折工夫。

孟子又說：「反身而誠，樂莫大焉。強恕而行，求仁莫近焉。」（《盡心上》）強恕而行，好像也要經過一個轉折，做勉強自己行恕求仁的工夫。但恕的工夫其實就是己所不欲，勿施於人的推己工夫，要人反省自己的心是怎樣的，用自己的心忖度他人的心，直接用自己的心加在他人身上來想，這是推己工夫。如果是這樣，強恕而行就是直接根據心能夠推己的性來說，也是一個直接對自己當下的心反省的工夫。所以孟子也只是說「盡心」，不是說「盡性」。

但《中庸》是由「人能夠自己實踐誠」來說性的。孟子即使已知道人要求誠，要求強恕，但仍然和《中庸》要自己盡誠之性不同。因為人即使有強恕之心，也仍然有誠不誠的問題。《中庸》提出自己盡誠之性，一定要時時刻刻都選擇善，而且要堅持這個善，去除一切夾雜的不善。人在要求自己盡心的過程中，會常常見到自己未能夠盡心，但其實又知道自己應該盡心，這是孟子說盡心時沒有說到的，而《中庸》則一定要說到能夠去除夾雜的盡性工夫。可見《中庸》的盡性和孟子的盡心，意思並不相同。

孟子的盡心，是順着當下已呈現的道德心而做擴充的工夫。《中庸》的盡性，是指一定要去除一切心中的夾雜，從而成為純一的善。所以盡心是開始教化的形態，可以不說怎樣去除一切不善夾雜的工夫，也可以不說為了預防不再實踐道德而做的常存敬畏或戒慎恐懼工夫。但《中庸》說的盡性就一定包括這一切，令人的道德生活能夠成始成終。所以說，《中庸》是歸結形態的教化。

《中庸》說的是盡性，如果一定要像孟子那樣，關連於心來說的話，就是盡能夠自己實踐誠的性而盡心。盡性，是包括去除人不善的夾雜和擇善固執，所以這個性是善的，沒有不善的可能，是必然絕對的善，「性善」這點和孟子是相同的，所以說《中庸》繼承了孟子而有所發展。而莊子和荀子的心都可以向外追逐，可以不合理，可以令人喪失德性，所以《中庸》不會像莊子說有不善之成心，或像荀子所說人有不善的性惡。因為《中庸》自誠的性，就是去除一切不善的性。

(三) 天命之謂性

人是怎樣知道自己有「能夠自誠的性」存在呢？最初可以由人實踐仁義、改過遷善的一念真誠而知道，由此而知，這個「自誠的性」是絕對善的，又知道這個誠可以表現在一切事情中。

這樣人便知道，自誠之性是超越一切事情之上的。自誠的力量好像由一個無窮的泉源湧出，這個泉源超越了現實人生的一切事情，可以說已成為無聲無嗅的天。所以這個「自誠的性」，可以說是天賦予給我，或天命給我，而由我自己看到。因此，《中庸》說這個性是「天命之謂性」。

(四) 誠的兩個形態

《中庸》解釋這個「能夠誠的性」，有兩個表現形態。一個是直接形態，即直接繼承絕對的善，自然表現成為一切善的德行。這是指順着天德而表現的誠，這個形態是自然明白善，甚至會做到不思而中，不勉而得，至誠無息的聖人境界。這就叫做「自誠明，謂之性」。「至誠無息」的境界，即是一切由心所生的動念都是由「至誠的性」直接生出，表現出來便是一片光明，所以說由至誠而表現出光明，即是「自誠明」。《中庸》在這裏由誠直接說光明，不再說心，因為光明即是心的光明。人只要是「至誠無息」，心的表現自然流露為一片光明，這樣說至誠的性，就不必再說心，所以叫「自誠明」，即由誠而明。這種說法雖不說心，但近似孟子說心的正面直接昭示形態。

另一個形態不是正面直接形態，而是要經過一個轉折的。一般人未達到至誠境界，人性的表現便要通過一個轉折，因為人有不善的夾雜，要超化不善的夾雜，才能成為純一。人要做到「思而中，勉而得」，就要做反對反面而成為正面的工夫。這個工夫由心的光明開始。人心原初是自然而有善的流露，如惻隱之心是光明的開始，但這只是個開始，如孟子說的仁義之「端」，當人有耳目自然慾望夾雜出現，便不能保持誠，要經歷曲折細密的修養工夫才能達到誠。所以《中庸》說「自明誠，謂之教」，「致曲而有誠」。

由《中庸》來看孟子和荀子，孟子是教人直接知道本心，要當下知道自身能夠做到誠，自然看見很大的快樂。即是直接當下契接聖人境界而教學，是自誠而明的形態。而荀子則着重用誠的心使惡的性變得合理合道，要做化性起偽的工夫，要自勉誠心而實踐仁義，這是由曲而有誠，是自明而誠的形態。但荀子不知道由誠心直接實踐仁義的人性的至善，不明白孟子的自誠而明的形態。而孟子即心言性，不由耳目自然慾望來說人性，即不由私慾夾雜來說，沒有說心之性可以去除一切不合理的、私慾的夾雜，經歷曲折，超化一切夾雜而成為純一，即不知道荀子的自明而誠的形態。由誠的形態來看，孟子和荀子互不相知，而《中庸》則能夠綜合至誠無息和曲能致誠兩個意思，見到兩種形態都是由天命之性而來。一方面說直接率領這個性而實踐道，「率性之謂道」；另一方面說，做「思而中、勉而得」的人為努力工夫來修道，「修道之謂教」，做去除夾雜不純的工夫，自己時時刻刻戒慎恐懼，不可須臾鬆懈。所以說《中庸》擴大了孟子的意思，令人對天命之性，不再有懷疑。《中庸》的說法，如果用一句話來說，「盡性」二字可以說盡，如再簡約為一個字，便是「誠」字。《中庸》盡性立誠的教化，可見是歸結形態，有擴大弘揚孟子之學的意義。

四、現代中國知識分子的問題

《中庸》之學原本是個人修身、培養個人德行的學問，這和現代中國社會有何關係呢？

看看前文所說的故事，便知道中國的現代知識分子出了問題。因為社會是由個人組成的，有怎樣的個人，就有怎樣的社會，所以中國社會的問題其實就是中國人的問題，尤其是中國知識分子的問題。那麼，《中庸》在現代中國社會有甚麼意義呢？要回答這問題，先看現代中國社會出了甚麼毛病，中國知識分子出了甚麼問題。

近一百多年來，中國社會政治動盪不斷，直接的原因是政治人物的責任。追溯深層的原因，其實是中國百多年來的文化思想教育的失敗。政治人物是由知識分子教育出來的，也是在當時的社會文化思想陶養出來的，沒有這個文化思想的背景，便不會有這樣的政治人物。因此一個民族的興亡盛衰，最後一定是從事教育、從事文化思想的知識分子的責任，所以人們對知識分子的責備是特別嚴苛的。

明末清初的學者王船山，對明朝滅亡感到非常痛心，於是重重責備明代說「致良知」的大學者王陽明。東晉經學家范寧，認為東晉時代風氣虛浮，儒學日漸式微，是王弼、何晏這兩個著名學者的罪過，而且認為罪過比桀紂還要深，是五胡亂華的罪魁禍首。為甚麼說得那麼嚴重？因為人們對知識分子的期望特別深重、殷切，所謂「望之殷，責之切」，只有知識分子配受人責備，而貪官污吏、昏君悍將不配被人責備。故此，要挽救這百多年來文化教育上的錯誤，就是知識分子的責任，我們一定要令中國文化思想教育重新走上光明大道，這就和知識分子的個人修養有關，和《中庸》教人的自誠之道有關。

近百多年來的中國知識分子都是處於極為艱難困苦的時代，可說是中國曠古未有。中國文化社會一向很尊敬讀書人，無論天下怎樣大亂，都總會有地方容納少數的知識分子。例如：知識分子可藏身於鄉村、山林，或化身為僧人、道士而隱居，從而保存中國學術文化的命脈。他們等待時機，時移世易，便再出來投身教化事業之中。所以很多前朝的知識分子都遁入山林，成為隱士，到新朝代出現，便成為開國的大臣、宰相。但近百多年來，中國知識分子的地位已不及從前，他們越來越不受社會尊敬，而地位也不及商人、工人，甚至農民。在戰爭和權力鬥爭的日子裏，知識分子想隱居鄉村山林也不可，想化身僧人道士也不能。中國文化已被西方文化衝擊得搖搖欲墜，知識分子無可逃遁就更形悽慘。有些知識分子逃到海外，生活卻朝不保夕。這是中國五千年來未遇的慘況，在這慘況中，知識分子要負起挽救中國文化的責任，又怎麼可能呢？正因為中國知識分子遭遇五千年來最大的慘況，他們會發現，現實世界中無可依恃，無可假借，這時會出現一種不忍社稷文化滅亡的內在深情，這內在的深情就是一種悱惻純潔的真實不忍心情，這個便是沒有依恃、沒有假借、沒有夾雜的純潔不忍之心。中國知識分子就是靠這個純潔不忍之心，才真正配得上挽救中國大災難的責任，才能夠重新創造中國文化的未來，中國文化才有遠大的前途。實踐這個純潔不忍之心，便是《中庸》作者想要由自誠之道而達到的德行。

中國文化的未來，不應對波譎雲詭的政治寄予希望，政治從來都是不純粹的。中國文化的未來，仍然要寄望於中國的知識分子，期望他們能夠通古今之變，解決百多年來的中西文化衝突問題。中國知識分子先要有這個宏願，要立志，要做一個盡性立誠的君子，憑一顆純潔之心，肩負起這深情大願。但可惜，現代知識分子不易掌握這層意義。我們說學習一門特殊的、具體的知識技能，憑這知識技能可獲得生活、名位、財富，這較容易掌握，也是現代知識分子一般的目標。但其實立志做一個盡性的君子比知識技能更重要，因為立志代表一種態度、胸襟。現代知識分子在知識技能方面都超越了前人，但胸襟氣度卻及不上前人，原因就是：現代教育沒有教人發心立志、盡性立誠，培養深情大願。從前的中國文化會教導人做君子聖人，要為天地立心，為生民立命，為往聖繼絕學，為萬世開太平；可惜現在的教育都不說這些，說出來也被人笑話。

近百多年來，中國知識分子面對中西文化衝突，也曾努力嘗試解決問題，但他們在精神上、意識上出現毛病，心靈中有所夾雜，不能頂天立地地站立起來，故此不能通古今之變。結果，他們在西方文化衝擊中紛紛倒下，變得隨波逐流，沒頂漂流而去。清末時，胡林翼看見長江中的外國軍艦，就嘔血病倒。可以說，這是一種象徵，中國知識分子一看見西方文化就倒下了。百多年前，中西文化接觸就是由這樣恐怖、怯弱的感覺開始的。因此中國人對西方文化生出的心情都是羨慕和卑屈的。然後，知識分子即使想發憤圖強，迎頭趕上，但心中卻總是夾雜了羨慕和卑屈。看前面故事說的知識分子，便是因羨慕和卑屈，心中有所夾雜而在西方文化面前倒下了。

中國人在清末民初時，學習日本富國強兵的方法；在新文化運動時，學習英美的自由主義，提倡科學和民主；在「九一八」後提倡德國思想，後來又提倡學習蘇聯的共產主義，不斷追逐西方的文化，結果仍未能夠挺立起來。總之，百多年來，知識分子心底的感情是恐懼、怯弱、羨慕、卑屈的，這些感情和虛心、好善的正面心情互相夾雜。虛心和好善是人主動向上的動機，但恐懼、怯弱、羨慕、卑屈則是被動向下的。現代中國知識分子都有這些夾雜，每個人的分量可能不同，但如要做一個肩負起中國文化命運的知識分子，便一定要嚴格分清楚這兩種動機，然後完全斬除不好的動機。如果中國現代知識分子真的想接受西方文化，解決中西文化衝突問題，便一定要徹底覺悟，要做《中庸》所說的盡性立誠工夫。這是很重要的第一步。

人總有缺點，人面對強而有力的事物時會感到恐懼，面對財富、知識、技術時會感到羨慕，對別人有所求時會出現卑屈感。但作為一個人，尤其是中國人，其實不應該用卑屈羨慕的心情學習西方文化，這樣是不會學得到的。一個頂天立地的人才能夠在面對列強、面對外來文化時不感到怯弱，不會因為自己的國家較貧窮、科技較落後就隨波逐流。如果自感怯弱，只知追逐別人的經濟、科技成就，只追求富強實效，片面地接受西方文化，到最後就只是模仿西方文化的外表。別人有奧運，我們也要有奧運；別人上月球，我們也要上月球，全是表面的模仿，而實踐不出真正的西方體育精神和科學精神，這樣不能吸收西方文化的優點，始終不能建設現代的民主中國。所以今天的中國知識分子，首先一定要堂堂正正的站立起來，盡性立誠，修養身心。因此，中國知識分子的第一步是修養自己。

中國以前的知識分子都是先修養自己的。「子曰：『衣敝縕袍，與衣狐貉者立，而不恥者，其由也與！』」（《論語・子罕》）孔子說：「穿着破舊、粗糙的衣服，和穿着華貴狐貉皮草的人站在一起，而不感到羞恥的，就是子路了！」窮而有志氣，有自信，這就是道德氣概。「孟子曰：『說大人，則藐之，勿視其巍巍然。』」（《孟子・盡心下》）孟子認為面對高官貴族，也不會因為他的地位而覺得他高高在上，雖是高官，也可以輕視他。「志意修則驕富貴，道義重則輕王公。」（《荀子・修身篇》）荀子認為如果修養好意志則可以傲視富貴，重視道義則可以輕視高官權貴。杜甫的《述懷》：「麻鞋見天子，衣袖露兩肘。」杜甫在安史之亂中逃難，往見皇帝，只穿着草鞋，衣服破爛，但沒有因為窮困而沒有志氣。中國知識分子的志氣應當是這樣的。

五、由《中庸》之學回應

中國知識分子怎樣才可以有這份氣概呢？是不是先要中國強大起來，或重新強調中國有深厚的歷史文化呢？

其實，中國人不必先對中國歷史文化有信心才可以挺起胸膛做人。只要是一個「人」就已經可以了。只要覺得自己是一個「人」，就可以有一種頂天立地的氣概。人不一定要想到自己的民族有光輝燦爛的文化歷史才可有氣概，只要是人，即使沒有光輝的民族文化歷史，也可以有頂天立地的氣概。這種氣概不必假借外在的事物，不是由外面而來的，而是來自人內在的盡性立誠的修養。陸象山說：「我若不識一字，亦須還我堂堂的一個人。」即使不識字，是文盲，也可以做一個堂堂正正的人，何況是知識分子。陸象山又說：「附物原非自立。」要依附外物，即是有所夾雜，便不能夠自立自誠。如果要靠外物才有氣概，便不是真的氣概。

《中庸》第一章是整篇《中庸》的大綱：「天命之謂性，率性之謂道，修道之謂教。道也者，不可須臾離也，可離非道也。是故君子戒慎乎其所不睹，恐懼乎其所不聞。莫見乎隱，莫顯乎微。故君子慎其獨也。喜怒哀樂之未發，謂之中；發而皆中節，謂之和；中也者，天下之大本也；和也者，天下之達道也。致中和，天地位焉，萬物育焉。」《中庸》開首說「天命之謂性」，指出人性是天命所貫注的，人能由發心立志開始，不是靠外在的財富知識來實踐天命。做「率性之謂道，修道之謂教」的工夫，就是指人率領自己的人性表現而形成道路，做「自己修養自己」的工夫，去除心中一切的夾雜，去除羡慕、卑屈，去除一切外在假借，令這道路成為可行的道路。此外，人要做到「道也者，不可須臾離也」，不可以片刻偏離道，即時時刻刻都在做工夫，不可以輕易放鬆。「戒慎乎其所不睹，恐懼乎其所不聞」，在不被人看見的地方也要敬戒謹慎，在不被人聽聞的時候也要驚恐懼怕，「戒慎恐懼」便是要去除夾雜，不假借外在事物的工夫。君子應謹慎做自己修道的工夫，讓自己修養成為君子，從而擁有君子應有的氣概。

怎樣「戒慎恐懼」呢？這便要時時刻刻的反省。人可以常常問自己，自信的氣概來自哪裏？是不是因為有財富？沒有財富便沒有氣概？是不是財大氣粗，只向錢看？是不是因為名聲、地位、權力才有氣概，好像政治上的高官、權貴那樣？是不是因為有知識而有氣概？尤其是要有科學技術的知識才有工作的人那樣？如果是因為有一個強大的國家才有氣概，這便是有所假借，有所夾雜，便只是大國的驕傲。不出生在強國，出生在弱國便沒有氣概嗎？是因為中國有悠久的歷史才有氣概？如果中國沒有悠久的歷史，又會怎樣？只要這樣一步一步撫心自問，我們會發現這些假借外在事物的氣概，會一步一步消失。到最後人究竟還有沒有氣概呢？很少人經得起這種考驗，一般人沒有錢，已沒有了氣概。如果經不起這考驗，人便是依附於物，心中有所夾雜，心靈不能純一，不能自立。如果沒有了夾雜和假借，只剩下一個「人」，卻依然能頂天立地於宇宙之間，這種精神便可以涵蓋天地，貫通古今。這才算是真正的自立、真正有氣概。這種氣概不是來自天、地、他人或財富，而是來自自己內在的盡性立誠的人格修養。因此人首先要自覺是一個「人」，不管是不是中國人都可以有這種氣概。中國儒家的精神原本就是提醒人要有這種自覺，做人格修養的工夫，然而這種氣概是要不斷自我反省的，故此不容易變成淩駕於他人之上的驕傲。有了這氣概，中國知識分子便可以發心立志，盡性立誠，了解中西文化，通古今之變，解決百年來中西文化衝突的問題，創造中國文化的前途了。我們每個人只要放下假借夾雜，便可以有這個做人的氣概。這種工夫沒有特定的內容，不一定要學具體的技術知識或積累財富，其具體內容人人不同，每個人只要在自己的實踐過程中，不斷充實，不斷反省，不斷增加，這樣，多活一日，便充實一日，沒有停止的一天。這個實踐的過程是無窮無盡的，是極艱難的。它不假借外力，只憑自己。它又是最簡易，當下現成，當下具足的。《中庸》說的，便是這個道理。

第一章

天命之謂性，率性之謂道[1]，修道之謂教[2]。

注釋

1 率：率領。

2 教：教化。

譯文

由人性可以見到天命，率領自己的人性表現而形成的就是道路，自己修養自己的道路就是教化。

「天命之謂性」，即是說人性是天命所貫注的，而天命可以由人內心的「自己命令自己」而見到。「天命之謂性」不宜像傳統漢儒和朱子那樣解釋。傳統的解釋是先假設有一個客觀的、外在的、信仰式的、獨斷的天，天在創造人時，由上而下，由外面賦予人一個特定的性。這個「外在天」的說法，是先知道有外在的天命，才說下貫於人性；而不是先知道人性，而後知道人性能夠上達天命，次序有所不同。由上而下說天命的說法，和孔子的「先下學而上達」，再說「知我其天」的傳統說法不符合，也和孟子「盡心知性知天」的說法次序不符合。如果說人性由外在天命所賦予，人性就只可以居於下位，又怎樣能見到上面、外面的天命呢？按孟子的說法來看，人性中原本就有天命的貫注，人就更能親切體會到這個天命。人首先知道人的心性表現。人的心性表現，就是「自己命令自己」。當人反省這個「自己命令自己」是根據普遍道德理想而來時，便會知道這個理想是普遍的，可伸展至無窮無盡；人的心性可以開拓至無窮無盡，就會看到自己有一個無窮無盡的源頭，而心性的表現好像是從這源頭流出來的。這個心性的源頭，就是天命；而「自己命令自己」，就可以說是天命的貫注，因此人就可以由人性看到天命。這樣解釋「天命之謂性」，便可以讓所有人根據道德上的普遍理想由自己的心而「自己命令自己」，有心性的表現，而當下得到親切體驗，知道天命的貫注。這就不是先由外在的、客觀的天來說。由客觀的天入手，就成為獨斷的天命，令人對天命作出外在的聯想，這樣，形成的了解便容易是支離破碎的。由「天命之謂性」這個解釋，可見中國人對人性的了解，是從自己內在的反省入手，而不是靠外在的賜予開始。

「率性」，是說人根據道德理想而「自己命令自己」、「率領」自己，從而有人性的表現，這是一個連續不斷的過程。自己前一段的人性表現，會「率領」起後一段的表現，也可以說是自己「率領」自己的性而有所表現。這個「自己命令自己」、「自己率領自己」，能形成一條道路，是人性表現而自己形成的一條道路。也可以說，這條道路是率性所形成的，所以叫「率性之謂道」。「率性」的工夫是一條道路，意思是連續不斷地實踐。為了讓人心中沒有夾雜其他私慾，要一直實踐德性，不可以停止。所以「率性」並不是任意妄為，也不是「只做一次」的意思。

「修道」的「修」，不是指在這條道路之外另外有修道的方法。修道，即是人性在「自己命令自己」、「自己率領自己」的歷程中，做「自我修養」的工夫。之所以要「自我修養」，是因為人有時會不跟從道德理想，出現違反道德理想的意念，令這條道路斷絕而不能繼續。所以要自我加以修養，去除阻礙，令斷絕的道路能夠延續下去。

「天命之謂性，率性之謂道，修道之謂教」三句，雖然各有自己的意思，但聯合在一起可以看到天命、人性、道路和教化四者是通貫而為一的，展現出作為一個君子實踐的大方向。

道也者，不可須臾離也[1]，可離非道也。是故君子戒慎乎其所不睹，恐懼乎其所不聞。莫見乎隱[2]，莫顯乎微[3]。故君子慎其獨也。

注釋

1 須臾：片刻。

2 見：同「現」。隱：暗處。

3 微：細小的事。

譯文

道，是不可以片刻離開的，如果能夠片刻離開的，便不是道了。所以君子在別人看不見的地方也是敬戒謹慎的，在別人聽不到的時候也是驚恐懼怕的。沒有比在暗處更能顯現出這個修道工夫，沒有比在細微的地方更能顯出這修道工夫。所以君子獨處時要特別謹慎做自己修道的工夫。

賞析與點評

所謂戒慎恐懼，就是自己戒慎，自己恐懼，一發現有和道德理想相違背的意念萌生，想到道德實踐會斷絕停下，便做自我修養的工夫，令到德行可以繼續，這就是修道的工夫。「戒慎恐懼」和「慎獨」是孔孟所未強調的個人修養工夫，目的是去除人心中的夾雜，令人內心保持純粹。

喜怒哀樂之未發，謂之中；發而皆中節[1]，謂之和；中也者，天下之大本也；和也者，天下之達道也。致中和[2]，天地位焉，萬物育焉。

注釋

1 中節：符合法度。

2 致：通「至」，到達，做到。

譯文

喜怒哀樂未表現出來時做工夫，就是做心中的工夫；表現出來的情感行為都符合法度，叫和諧；心中的工夫，即是天下萬物得到和諧的大本源；和諧，即是令天下萬物貫通的道路。做到由心中工夫到天下和諧，天地便各在其位，萬物就生長化育了。

賞析與點評

所謂「中」，即是指「心中」，即在心中做工夫。這個「中」和《大戴禮記·小辯篇》「知忠必知中」的「中」都是指內心的意思。莊子說「養中」，老子說「守中」，都是指內心的意思。朱子注「無所偏倚，故謂之中。」指能做到無所偏倚，正是心中的工夫。這兩種「中」的意思是可以相貫通的。《中庸》解釋這個「中」是「大本」，即是指心中的「天命之性」就是大本源。人不可以片刻放棄「自己率領自己」的修道工夫，應時時刻刻「戒慎恐懼」。所以，「中」的意思，既是天命之性，也是人內心「自己率領自己」、「自己修養自己」的工夫。至於當「中」表現為喜怒哀樂的情感，表現得符合法度，就能和外在的事物相應而和諧。人和事物相應而和諧，萬物各在其位，便能夠化育生長了。這就叫作「致中和，天地位焉，萬物育焉」。

我們如想中國社會文化的發展做到「天地位，萬物育」，不在中西文化衝突中迷失，便應做好這個心中修養的工夫，不要失去這個大本源。

第二章

仲尼曰：「君子中庸[1]，小人反中庸。君子之中庸也，君子而時中；小人之中庸也，小人而無忌憚也[2]。」

注釋

1 中庸：朱熹注：「不偏不倚，無過不及。」

2 無忌憚：無所忌憚，即不戒慎恐懼，肆意妄行。

譯文

孔子說：「君子實踐的是不偏不倚、無過不及的中庸之道，小人實踐的和中庸之道相反。君子之所以能實踐中庸之道，因君子時時刻刻做到合度適中；小人之所以違反中庸之道，只是因為無所忌憚。」

賞析與點評

由第二章至第二十章，《中庸》都引用了孔子或子思的話，說中庸之道、忠恕之道、鬼神之道、古聖王之道，再說三達德、五達道、各種知行和治理天下的九經。這些都是用來說明第一章所說的「致中和」，怎樣可以由「大本」到「達道」的各種工夫。五倫是盡人倫，九經是盡制度，五倫是達道，九經也是達道，都是達到天下和諧的道路。

君子要做到真正的中庸之道，必須時時刻刻做戒慎恐懼的反省工夫，要去除心中的私慾。而小人違反中庸之道，是因為他們不認真反省，任隨己意而行。可見真正做到「時中」是不容易的。知識分子很多時自以為自己知道很多知識，可以任意而行，因此沒有反省，結果實踐時因心中有很多夾雜而引致禍害，豈不要特別小心！

第三章

子曰：「中庸其至矣乎[1]！民鮮能久矣[2]！」

注釋

1 至：最高的境界。
2 鮮（粵：洗；普：xiǎn）：很少。

譯文

孔子說：「中庸之道大概是最高的德行了！但長久以來人們很少能夠做到！」

賞析與點評

《中庸》的作者指當時的人們很少能做到中庸之道，用這標準看今天的教育，也可以說「鮮能久矣」。因為今天的教育已不注重這種內心修養工夫和立志發心的學問了。

第四章

子曰：「道之不行也，我知之矣：知者過之[1]，愚者不及也。道之不明也，我知之矣：賢者過之，不肖者不及也。人莫不飲食也，鮮能知味也。」

注釋

1 知：通「智」。

譯文

孔子說：「道不能流行，我已知道了：聰明的人以為道本來就不能流行，這是太過了；愚昧的人不知道道怎樣才能夠流行，這是力所不及。道不能弘揚，我已知道了：有賢能的人做得太過了，不賢的人則有所不及。沒有人不吃不喝的，但很少有人能夠知道真正的味道。」

賞析與點評

現代有很多知識分子會分析時局和文化發展，他們很多都自以為聰明，以為文化的大趨勢是西化，完全傾向西方。有些則認為中國文化根本是落後的，不會有進步。他們不是太過，便是不及，孔子的話不是很好的提醒嗎？

第五章

子曰：「道其不行矣夫。」

譯文

孔子說：「道是不能實行了。」

賞析與點評

孔子知道當時道是不能實行的。這個「知」，就是孔子「五十而知天命」，知道他所說的道不被接受，明白道的流行與否，都應由自己承擔，應敬畏天命。

第六章

子曰：「舜其大知也與[1]！舜好問而好察邇言[2]，隱惡而揚善，執其兩端，用其中於民，其斯以為舜乎！」

注釋

1 舜：古代帝王，稱虞舜。知：通「智」。

2 邇：近。

譯文

孔子說：「舜真是有大智慧啊！舜喜歡發問，又喜歡審察人民淺近的言論，會隱藏惡的言論，宣揚善的言論，會掌握過與不及兩方面不同的言論，而使用符合中庸之道的做法來治理人民，這就是舜之所以成為有大智慧的舜的原因了！」

賞析與點評

有智慧的知識分子在面對中西文化時，應要先掌握好兩端，採取中庸之道，然後才能發展出適合中國人的現代中華文化，這才是真正的大智慧，而不是一面倒的傾向西方文化。

第七章

子曰：「人皆曰『予知』[1]，驅而納諸罟擭陷阱之中[2]，而莫之知辟也[3]。人皆曰『予知』，擇乎中庸，而不能期月守也[4]。」

注釋

1 知：通「智」。

2 罟（粵：古；普：gǔ）：網。擭（粵：獲；普：huò）：機括，捕獸機關。

3 辟：通「避」。

4 期（粵：基；普：jī）月：一個月。

譯文

孔子說：「一般人都說自己有智慧，但卻被驅趕入那些羅網機關陷阱之中，而不知道如何避開。一般人都說自己有智慧，但選擇了中庸之道，卻不能持守到一個月。」

賞析與點評

很多時候知識分子都以為自己有智慧，但一旦進入文化潮流衝擊之中，自然便有所偏倚，自己落入了文化陷阱也不知道。而有些知識分子本選擇了符合心中道德理想的道路，但卻不能持守下去。

第八章

子曰：「回之為人也[1]，擇乎中庸，得一善，則拳拳服膺而弗失之矣[2]。」

注釋

1 回：顏回。

2 拳拳服膺：奉持不捨並放置在心胸之間。

譯文

孔子說：「顏回處事為人，選擇了中庸之道，得到一個好的道理，便會奉持在心胸之間而不讓它失去。」

賞析與點評

顏回是能夠持守的人，他選擇了中庸之道，即能選擇符合心中道德理想的道路，便時時刻刻放在心中，時時做道德修養工夫而不讓它失去。

第九章

子曰：「天下國家可均也[1]，爵祿可辭也，白刃可蹈也[2]，中庸不可能也。」

注釋

1 均：治理。

2 蹈：踏。

譯文

孔子說：「天下國家是可以治理的，爵位俸祿是可以推辭不接受的，利刃也是可以踏上的，但中庸之道卻不易做到。」

賞析與點評

這裏說明要做好心中的修養工夫，沒有夾雜私慾是不容易的，它比不接受權力、地位、財富，甚至犧牲生命，更為艱難，所以這心中的修養工夫是聖人的工夫。

第十章

子路問強[1]。子曰：「南方之強與？北方之強與？抑而強與[2]？寬柔以教，不報無道，南方之強也，君子居之。衽金革[3]，死而不厭，北方之強也，而強者居之。故君子和而不流，強哉矯[4]！中立而不倚，強哉矯！國有道，不變塞焉，強哉矯！國無道，至死不變，強哉矯！」

注釋

1 子路：孔子的學生，名仲由。在孔子的學生中，子路以勇敢剛強見稱。

2 而：你。

3 衽（粵：任；普：rèn）金革：以兵器皮革戰衣為臥席，即兵器不離身的意思。衽，臥席。

4 矯：強。

譯文

子路問怎樣才算是剛強。孔子說：「你是說南方人的那種剛強嗎？還是北方人的那種剛強呢？抑或是你自己的那種剛強呢？以寬大溫柔的精神來教化人，不會用無道的方式報復對方，這是南方人的剛強，君子以這種剛強自居。兵器戰衣不離身，死也不害怕，這是北方人的剛強，勇武剛強的人以這種剛強自居。所以君子能夠待人寬和而不流俗，這才是真正的剛強！能夠中正站立而不偏不倚，便是真正剛強！國家政治清明，人不改變未顯達時的心志，便是真正剛強！國家政治黑暗，人能至死不改變心志，便是真正剛強！」

賞析與點評

真正的剛強，不是勇武，而是能夠在心中繼續不斷做修養工夫，沒有夾雜，沒有偏倚，這才是真正的剛強。現代人往往以為勇武是強，以為國家武力強大就是強國，但孔子認為真正的強不是這樣的。

第十一章

子曰：「素隱行怪[1]，後世有述焉，吾弗為之矣。君子遵道而行，半塗而廢[2]，吾弗能已矣[3]。君子依乎中庸，遁世不見知而不悔，惟聖者能之。」

注釋

1 素隱：「素」應作「索」。搜索隱僻之事。
2 塗：通「途」。
3 已：停止。

譯文

孔子說：「搜索隱僻，行為怪誕的人，後世會有人記述，但我不會做這些事。君子應遵循中庸之道而行，但有些人會半途而廢，我則不會停止。君子根據中庸之道而行，即使隱遁世界而不被人知道，也不會後悔，這只有聖人能夠做得到。」

賞析與點評

人心中很容易因為夾雜了「想被人知道」的想法而實踐德行，聖人卻會去除心中這種「想被人知道」的想法，即使不被後世所知，不被記述，也不後悔。

第十二章

君子之道費而隱[1]。夫婦之愚[2]，可以與知焉，及其至也，雖聖人亦有所不知焉；夫婦之不肖，可以能行焉，及其至也，雖聖人亦有所不能焉。天地之大也，人猶有所憾，故君子語大，天下莫能載焉；語小，天下莫能破焉。《詩》云[3]：『鳶飛戾天[4]，魚躍於淵。』言其上下察也[5]。君子之道，造端乎夫婦，及其至也，察乎天地。

注釋

1 費：廣大。隱：微妙。
2 夫婦：一般的男女。
3《詩》：此詩語出《詩經．大雅．旱麓》。

4 戾：至。

5 察：至，貫通。

譯文

君子之道，廣大而微妙。一般愚昧的男女，也可以知曉這道；但說到最精微的境界，即使聖人也有不清楚的地方。一般男女雖不賢明，仍能夠實行君子之道，但說到最精微的境界，即使聖人也有所不能。天地那麼大，人總會覺得有遺憾。所以君子說這個道的廣大，天下沒有人能承載得起；說這個道的精細微妙，天下沒有人能夠破壞。《詩經．大雅．旱麓》說：「鳶鳥飛到天上，魚在深淵中跳躍。」便是說這個道能夠貫通上下。君子之道，是由一般的男女開始，但到了最精妙的境界，卻能明察貫通天地。

賞析與點評

君子之道，即時時刻刻在心中做修養工夫之道，一般人也可以實行，不限於賢明的人。這裏說一般人也可以實踐，但不要以為容易，道德修養工夫是無窮盡的，聖人也一定會有所不知，有所不能，因此不可輕易視自己為得道君子。但如果能實踐這個道，做好修養工夫，人心就能貫通天地萬物，達到極高的境界。

第十三章

子曰：「道不遠人。人之為道而遠人，不可以為道。《詩》云[1]：『伐柯伐柯[2]，其則不遠[3]。』執柯以伐柯，睨而視之[4]，猶以為遠。故君子以人治人，改而止。忠恕違道不遠，施諸己而不願，亦勿施於人。君子之道四，丘未能一焉[5]：所求乎子以事父，未能也；所求乎臣以事君，未能也；所求乎弟以事兄，未能也；所求乎朋友先施之，未能也。庸德之行，庸言之謹，有所不足，不敢不勉，有餘不敢盡；言顧行，行顧言，君子胡不慥慥爾[6]！」

注釋

1 《詩》：此詩語出《詩經．豳風．伐柯》。

2 柯：斧柄。

3 則：標準。

4 睨（粵：魏；普：nì）：斜視。

5 丘：孔子，名丘。

6 慥慥（粵：造；普：zào）：篤實貌。

譯文

孔子說：「道是不能遠離人的。如果有人實踐道而遠離人，就不可以實踐道了。《詩經．豳風．伐柯》說：『砍削斧柄，斧柄的大小標準就在不遠的眼前。』雖然已經執拿斧柄伐木來做斧柄，但如果斜視其他地方，還會以為差異很大。所以君子應以人的本性來治理人，自己應改善的地方要改好才停止。人能做到忠恕便離道不遠了，自己不願意的事，也不要施加在別人身上。君子之道有四個要求，我孔丘一項也未能做到。我對子女侍奉父親的要求，未能做到。我對臣子侍奉君主的要求，未能做到。我對弟弟侍奉兄長的要求，未能做到。我要求朋友先做到的，未能做到。平常德行的實踐，平常語言的謹慎，都有所不足，我不敢不勉力去做好，即使行有餘力，也要小心謹慎不敢說得太盡。言論要謹慎顧及行為，行為也要顧及言論。做到這樣，君子怎會不篤實呢？」

賞析與點評

這章説人在實踐道德修養時，很多時候會逐漸偏離道，而使用其他標準。例如：最初實踐德行是發自本心的，但當別人讚賞時，便會為了讚賞而做，自覺自己比別人做得好，高人一等。標準漸漸轉移了，即遠離了道。應怎樣才能做好？就是返回自己本性，以人治人，自己治理自己。孔子的忠恕之道，便是己所不欲，勿施於人，要自我反省，自己治理自己。但這個修養並不容易，孔子也以為自己未能做到，要常自覺不足，但又勉力去做，又要小心注意言行合一。

第十四章

君子素其位而行[1]，不願乎其外。素富貴，行乎富貴；素貧賤，行乎貧賤；素夷狄，行乎夷狄；素患難，行乎患難：君子無入而不自得焉。在上位不陵下，在下位不援上，正己而不求於人，則無怨。上不怨天，下不尤人。故君子居易以俟命，小人行險以徼幸[2]。子曰：「射有似乎君子，失諸正鵠，反求諸其身。」

注釋

1 素：在。

2 徼（粵：腰；普：yāo）：求。

譯文

君子在他的位置時要做他應做的事，不必羨慕外面的事情。在富貴時，做富貴的人應做的事；在貧賤時，做貧賤的人應做的事；在夷狄外族的地位時，做在夷狄地位應做的事；在患難中，做患難中應做的事。君子無論在哪裏都安樂自得。在上層地位的人不欺淩下層地位的人；在下層地位的人不攀援上層地位的人。君子是要求自己正直而不是要求他人的位置，這樣便沒有怨恨。對上不會怨恨天，對下不會怨恨人。所以君子能夠自居平易的位置來等待實踐應做而做的天命，小人則冒險追求幸運。孔子說：「做君子就好像射箭，射不中靶子，就要回頭反省自己的技藝。」

賞析與點評

人們在不得意時，常有懷才不遇、英雄無用武之地的慨歎，或自怨自艾，或怨天尤人，或憤世嫉俗。遇到好時機時，便會不惜陵下援上，要求向上攀爬。但君子不是這樣的，如只羨慕外在目標，動機便不純正，夾雜了個人私慾，失去了正確的目標。其實解決方法很簡單，便是反求諸己。返回自己的內心，反省自己在甚麼時候應做甚麼，找回正確目標，做一個君子，人便會安樂得多。

第十五章

君子之道，辟如行遠必自邇[1]，辟如登高必自卑。《詩》曰[2]：「妻子好合，如鼓瑟琴；兄弟既翕[3]，和樂且耽[4]。宜爾室家，樂爾妻帑[5]。」子曰：「父母其順矣乎！」

注釋

1 辟：同「譬」。
2 《詩》：此詩語出《詩經・小雅・常棣》。
3 翕（粵：泣；普：xī）：融洽。
4 耽：安樂。
5 帑：通「孥」，子孫。

譯文

君子之道，好像行遠路一樣，一定要由近處開始，又好像登上高山，一定要由低處開始。《詩經．小雅．常棣》說：「夫妻子女相處融洽，好像琴瑟合奏一樣。兄弟相處融洽，和諧安樂。使家人和樂美滿，使妻子兒女快樂。」孔子說：「父母也順心安樂了。」

賞析與點評

在家庭中，和家人相處融洽，便是由近至遠，由低至高的修養工夫。先由最切近自己生活處做起，和家人相處正是最切近自己的生活。《中庸》繼承孔孟之教，提出由最切近的工夫做起。人們常立志保衛國家，本來這為國為民的心態是不錯的，但如果以為國家比個人高級，家人比較次要，就變成只想要崇高的名聲，心中有所夾雜，不是真誠地愛國家。如要愛國家，就要由愛家人做起。

第十六章

子曰：「鬼神之為德[1]，其盛矣乎！視之而弗見，聽之而弗聞，體物而不可遺[2]。使天下之人齊明盛服，以承祭祀，洋洋乎如在其上[3]，如在其左右。《詩》曰[4]：『神之格思[5]，不可度思！矧可射思[6]！』夫微之顯，誠之不可揜如此夫[7]。」

注釋

1 德：功德。

2 體：了解。

3 洋洋：洋溢。

4 《詩》：此詩語出《詩經·大雅·抑》。

5 格思：格，來。思，語助詞。

6 矧（粵：診；普：shěn）可射思：何況可以厭怠不敬嗎？矧，何況。射，厭怠。

7 揜：通「掩」。

譯文

孔子說：「鬼神的功德，是很盛大的！鬼神雖然看也看不見，聽也聽不到，但了解事物時不可拋棄鬼神的觀念。使天下之人穿整齊光潔的衣服祭祀它。這時鬼神好像洋溢在人的頭上，又好像在人的左右。《詩經．大雅．抑》說：『鬼神的來到，是不可測度的，怎可厭怠不敬呢？』祭祀是對隱微鬼神的彰顯，祭祀時的真誠是如此不可遮掩的！」

賞析與點評

《中庸》繼承孔子「祭神如神在」的說法。現代人常說祭祀鬼神是迷信的，又認為鬼神根本不存在。孔子並沒有討論或論證鬼神的存在，他只想說人對鬼神的感通是如何實踐德行的問題。孔子所謂「祭神如神在」，不是說鬼神本來不存在，而是假設祭祀時鬼神是存在的。「如神在」不是由想像而視之為一個知識對象的存在，而是由人回憶思念先人的生平，而視為好像存在。這樣，人對死者便有純粹的回憶和純粹的誠敬。

第十七章

子曰：「舜其大孝也與！德為聖人，尊為天子，富有四海之內。宗廟饗之[1]，子孫保之。故大德必得其位，必得其祿，必得其名，必得其壽。故天之生物，必因其材而篤焉[2]。故栽者培之，傾者覆之。《詩》曰[3]：『嘉樂君子[4]，憲憲令德[5]！宜民宜人，受祿于天。保佑命之，自天申之！』故大德者必受命。」

注釋

1 饗：祭獻。

2 篤：厚待。

3 《詩》：此詩語出《詩經．大雅．假樂》。

4 嘉樂：今本《詩經》原文是「假樂」。

5 憲憲：今本《詩經》原文是「顯顯」。

譯文

孔子說：「舜真是大孝的人啊！論德行，他是聖人；論尊貴，他是天子；論財富，他有四海之內的土地。有宗廟祭祀他，有子孫保存做後人。所以大德的人一定得到應有的地位，一定能得到應有的俸祿，一定能得到應有的名聲，一定能得到應有的壽命。所以上天生出萬物，一定會因為他的資質而厚待他。所以應該栽培的會栽培他，應該傾覆的會傾覆他。《詩經．大雅．假樂》說：『有美德而安樂的君子，有很明顯的美德！令人民相處安樂的，會得到上天的俸祿。上天會保佑他，把天命給他，上天會重複把天命給他！』所以有大德行的人一定會承受天命。」

賞析與點評

本章以舜為例子，說明天命之所歸。舜有大孝的德行，才有很多地位名聲，而不是他想要地位名聲而行大孝。只要一心一意，純粹無雜地實踐孝道，自會得到應有的待遇。由自己內在的純粹實踐開始，而面對不同的際遇，這才是天命，所以天命具有義所當為的意思。

第十八章

子曰：「無憂者其惟文王乎！以王季為父，以武王為子，父作之，子述之[1]。武王纘大王、王季、文王之緒[2]，壹戎衣而有天下，身不失天下之顯名；尊為天子，富有四海之內。宗廟饗之，子孫保之。武王末受命[3]，周公成文、武之德，追王大王、王季，上祀先公以天子之禮。斯禮也，達乎諸侯、大夫及士、庶人。父為大夫，子為士，葬以大夫，祭以士。父為士，子為大夫，葬以士，祭以大夫。期之喪[4]，達乎大夫；三年之喪，達乎天子；父母之喪，無貴賤，一也。」

注釋

1 述：繼承。

2 纘（粵：纂；普：zuǎn）：繼承。大王：即太王，王季的父親。緒：未完成的事業。

3 末：老。

4 期之喪：穿一年喪服。

譯文

孔子說：「沒有憂慮的人，就只有周文王啊！周文王的父親是王季，兒子是周武王，父親開創了基業，兒子繼承他的事業。武王繼承大王、王季、文王的德行事業。穿上戰衣伐紂而一舉取得天下，自身沒有失去顯揚天下的盛大德名，成為尊貴的天子，擁有四海之內的土地。有宗廟祭祀他，有子孫保存周朝王業。武王年老而得到天命，周公成就了文王、武王的德行，追尊大王、王季為王，又用天子之禮祭祀祖先。這種禮，可通達到諸侯大夫、士和庶人。如果父親是大夫，兒子是士，死後便用大夫的葬禮、士的祭禮。如果父親是士，兒子是大夫，死後便用士的葬禮、大夫的祭禮。穿一年喪服的禮，從平民通用到大夫階級；穿三年喪服的禮，從平民通用到天子。為父母守喪，則無分身份貴賤，都是一樣的。」

賞析與點評

本章説文王、武王是先修養德行才有應有的天命和禮節的。此外，其德行傳統是向上追溯和向下傳承的，有貫通古今之意。由此可見，修養不是為了名位而向上爬的手段。

第十九章

子曰：「武王、周公，其達孝矣乎！夫孝者：善繼人之志，善述人之事者也。春、秋修其祖廟，陳其宗器，設其裳衣，薦其時食。宗廟之禮，所以序昭穆也[1]；序爵，所以辨貴賤也；序事，所以辨賢也；旅酬下為上[2]，所以逮賤也[3]；燕毛[4]，所以序齒也[5]。踐其位，行其禮，奏其樂，敬其所尊，愛其所親，事死如事生，事亡如事存，孝之至也。郊社之禮[6]，所以事上帝也。宗廟之禮，所以祀乎其先也。明乎郊社之禮、禘嘗之義[7]，治國其如示諸掌乎[8]！」

注釋

1 昭穆：宗廟祭祀神位的排列次序，中間是始祖，左面是昭，右面是穆，表示尊卑人倫次序。

2 旅酬：旅，眾人。酬，相酬而飲。旅酬，即眾人同飲，是後輩敬長輩之禮。

3 逮賤：禮能下達到下之人之意。

4 燕毛：宴飲時，按毛髮顏色來排列長幼次序。燕，通「宴」。

5 齒：年歲。

6 郊社：祭天和祭地之禮。

7 禘（粵：帝；普：dì）嘗：秋祭之禮，即指四時之禮。禘，大祭。

8 示：同「視」。

譯文

孔子說：「周武王、周公，是做到通達的孝的人啊！孝，是善於繼承先人的志願，善於繼承先人的德行事業。春秋二祭修葺先人的祖廟，陳設先人的祭器，擺設先人的衣服，獻上合時節的食物。宗廟的禮儀，是按照昭穆的次序。依次序排列爵位，是為了辨別貴賤級別。依次序排列祭禮中的職事，是為了辨別賢能的人。做旅酬之禮，後輩向長輩敬飲，是為了讓後輩尊敬長輩。祭祀後的飲宴中，依毛髮黑白排列座次，是為了辨別長幼次序。在祭祀禮中，供奉先人的牌位，行先人留下之禮，奏先人的音樂，尊敬先人所尊敬的，愛先人所親愛的，侍奉死者好像侍奉生者一樣，侍奉死亡的人好像侍奉存在的人一樣，就是孝的極至表現。祭天和祭地之禮，是為了侍奉上帝。宗廟之禮，是為了祭祀先人。明白祭天和祭地之禮，明白大祭和四時之祭的意義，治理國家就好像看手掌那樣容易！」

賞析與點評

本章說祭祀的意義。人在祭祀時，要供奉先人的牌位，行先人之禮，奏先人的音樂，敬先人尊敬的人，愛先人親愛的人等，思想時視之為仍然存在。只有純粹的回憶和純粹的誠敬，才能令人的心靈真正感通而到達先人。明白這種純粹的誠敬，由家中的祭禮做起，擴充起來，便可以治理國家。

第二十章

哀公問政。子曰：「文、武之政，布在方策[1]，其人存，則其政舉；其人亡，則其政息。人道敏政[2]，地道敏樹。夫政也者，蒲盧也[3]。故為政在人，取人以身，修身以道，修道以仁。仁者人也，親親為大；義者宜也，尊賢為大。親親之殺[4]，尊賢之等，禮所生也。在下位不獲乎上，民不可得而治矣！故君子不可以不修身；思修身，不可以不事親；思事親，不可以不知人；思知人，不可以不知天。」天下之達道五，所以行之者三，曰：君臣也，父子也，夫婦也，昆弟也，朋友之交也，五者，天下之達道也。知仁勇三者，天下之達德也，所以行之者一也。或生而知之，或學而知之，或困而知之，及其知之，一也；或安而行之，或利而行之，或勉強而行之，及其成功，一也。

注釋

1 布：散。方：版。策：簡。方策，木版竹簡，即書籍。

2 敏：迅速。

3 蒲盧：蒲葦。

4 殺：等次。

譯文

魯哀公問怎樣為政。孔子說：「文王、武王為政的事，散見在書籍中。文王、武王在世，他們的政策就可以興起；他們去世，他們的政策就廢馳。賢人治國可令善政迅速地推行，好像沃土可使樹木迅速生長。賢人為政，發展好像蒲葦生長那樣快。所以為政在於任用有賢能的人，所選取的人要有修身德行，依道而修身，依仁心而修道。仁心是人之所以為人的地方，以愛親人為最大的仁。公義就是做事適宜合理，以尊敬賢人為最大的義。愛親人的等次，尊敬賢人的等次，便是禮儀制度出現的根據。如果賢人在低下的地位，而得不到上層的地位，人民便不可以得到好的治理了！所以君子不可以不做修養自身的工夫，想修養自身，不可以不侍奉父母親人；想侍奉父母親人，不可以不知道人性；想知道人性，不可以不知道天命。」天下通達的道路有五條，用來實行這通達道路的德行有三種。這五條道路是：君臣之道，父子之道，夫婦之道，兄弟之道，朋友相交之道。這五條是天下通達的道路。智、仁、勇，三種德行，是天下通達的德行，用來實行這五條通達的道路則一樣。這些道路和德行，有人生出來便知道，有些人要學習才知道，有些人要經歷過困頓才知道。但如果都能知道，便是一樣。有些人安樂地實行，有些人知道有益才實行，有些人勉強地實行。但如果都能成功，便都是一樣。

賞析與點評

這是說為政和禮制之本，都是修身。而修身要做的就是五達道、三達德，都是平常生活中的德行。人的資質各有不同，要修身，或快或慢。但快慢不重要，能做得到便人人一樣，聖賢和一般人也是一樣，即人人可以為君子。

子曰：「好學近乎知，力行近乎仁，知恥近乎勇。知斯三者，則知所以修身；知所以修身，則知所以治人；知所以治人，則知所以治天下國家矣。」凡為天下

國家有九經，曰：修身也，尊賢也，親親也，敬大臣也，體群臣也，子庶民也，來百工也，柔遠人也，懷諸侯也。修身則道立，尊賢則不惑，親親則諸父昆弟不怨，敬大臣則不眩[1]，體群臣則士之報禮重，子庶民則百姓勸，來百工則財用足，柔遠人則四方歸之，懷諸侯則天下畏之。齊明盛服，非禮不動，所以修身也；去讒遠色，賤貨而貴德，所以勸賢也；尊其位，重其祿，同其好惡，所以勸親親也；官盛任使，所以勸大臣也；忠信重祿，所以勸士也；時使薄斂，所以勸百姓也；日省月試，既廩稱事[2]，所以勸百工也；送往迎來，嘉善而矜不能[3]，所以柔遠人也；繼絕世，舉廢國，治亂持危，朝聘以時[4]，厚往而薄來，所以懷諸侯也。凡為天下國家有九經，所以行之者一也。」

注釋

1 眩：迷亂。

2 既廩（粵：凜；普：lǐn）：官方發的米糧。

3 矜：憐憫。

4 朝聘：朝，諸侯見天子之禮。聘，諸侯派大夫獻貢物之禮。

譯文

孔子說：「愛好學習就接近有智慧，用力行善就接近仁道，知道羞恥就接近勇敢。知道這三達德，便知道怎樣修身；知道怎樣修身，便知道怎樣治理人民；知道怎樣治理人民，便知道怎樣治理天下國家。」一切治理國家的人都要實行九個常道，就是：修養自身，尊敬賢能，親愛親人，尊敬大臣，體恤群臣，愛庶民如子，招納工匠，和外族和睦相處，關懷諸侯。能修身便能確立大道；能尊敬賢能便不會困惑；能親愛親人便能使叔伯兄弟不生怨恨；能尊敬大臣便不會遇事迷亂；能體恤群臣，士人的回報便更加厚重；能愛庶民如子，百姓便會互相勸勉努力；能招納各工匠，財富便會足夠；能和外族和睦相處，四方外族便會歸順；能關懷諸侯，天下人便會敬畏。穿整齊光潔的衣服，不合禮的不做，便能修身。離開讒言和美色，輕視貨財而重視德行，便能勸勉賢人來協助治理國家。提高親人的地位，加重其俸祿，和親人的愛憎一致，便能勸勉親人互相親愛。官職上多設供使用的屬下，便能勸勉大臣出任重要的官職。用忠信對待和給予厚重俸祿，便能勸勉士人出任官職。時常減少百姓的賦稅，便能勸勉百姓生產。每日省察，每月考試，官方發的糧米和工匠所做的事務相稱，便能勸勉各工匠來工作。對外族人來時歡迎，去時歡送，讚美他們的長處而憐憫他們的短處，便能和外族相處和睦。延續斷絕世系的諸侯，復興已廢除的國家，治理亂國，扶持有危難的國家，按時舉行朝聘之禮，賞賜豐厚而少收貢禮，便能安撫諸侯。一切治理國家的人都要實行這九個常道，而所以能實行的根本都是一樣的。」

賞析與點評

這段解釋了三達德和九經的內容。孔子之教，最重要的是仁。孔子說仁，很多時候會連同忠、恕、信、愛、敬、恭等德性一起闡述，這些德行都是正面的，順着而行便可以了。這都是直道，並不曲折，所以說孔子之教是始教形態。但不是人人都能依直道行而能成就德行，所以孔子也會從正反兩面解說。《中庸》三達德便着重於這反面的工夫。三達德是指智、仁、勇。智，就是要同時知道賢愚善惡正反兩面，然後作出分辨，選擇跟從賢和善。而在賢和善的選擇中，也有不同的種類、不同的程度，要靠智慧來分辨。實行公義時，要有智慧地分辨做或不做，在不同情況下有不同的應不應做的決定。而勇，孔子說勇者不懼，指對阻礙人成為仁者的困難無所畏懼，又要求合乎公義的德行。這都是人面對反面事物才有的德行，不是直接順着道而行便能做到的，一定要經歷曲折艱難才能成就。所以說《中庸》是終教形態。孔子又說：「仁者，必先難而後獲。」《中庸》說好學接近有智慧，行善接近仁道，知耻接近勇敢。勇很重要，由知耻開始，就是對於不學習、不實踐感到羞耻。勇敢的開始，是由耻於不智不仁開始，並要去除這些阻礙。勇是恥於不善，恥於不知善、不行善。只是知善行善，仍未足夠成就善，一定要去除不善，才能成為純粹的善。所以勇很重要，勇就是知恥，是個人內心的反省，可見這反求諸己的工夫的重要性。

凡事豫則立[1]，不豫則廢。言前定則不跲[2]，事前定則不困，行前定則不疚，道前定則不窮。在下位不獲乎上，民不可得而治矣；獲乎上有道：不信乎朋友，不獲乎上矣；信乎朋友有道：不順乎親，不信乎朋友矣；順乎親有道：反諸身不誠，不順乎親矣；誠身有道：不明乎善，不誠乎身矣。誠者，天之道也；誠之者，人之道也。誠者不勉而中，不思而得，從容中道，聖人也。誠之者，擇善而固執之者也。博學之，審問之，慎思之，明辨之，篤行之。有弗學，學之弗能，弗措也[3]；有弗問，問之弗知，弗措也；有弗思，思之弗得，弗措也；有弗辨，辨之弗明，弗措也，有弗行，行之弗篤，弗措也。人一能之己百之，人十能之己千之。果能此道矣，雖愚必明，雖柔必強。

注釋

1 豫：預備。

2 跲（粵：夾；普：jiá）：躓跌，絆倒。

3 措：放置，放下。

譯文

一切德行，事先做好預備工夫便能成功，沒有做好預備工夫便會失敗。說話前做好預備工夫便不會有失誤，做事前做好預備工夫便不會陷入困境，行動前做好預備工夫便不會後悔，走路前預先選定正確的道路便不會走投無路。賢人在下位而不獲得在上層的地位，便不能治理好人民。要獲得上層地位，要經歷一定途徑：得不到朋友的信任，便不能獲得上層地位。得到朋友信任，也要經歷一定途徑：不能令父母安樂，便得不到朋友的信任。令父母安樂，也要經歷一定途徑：反省自己做不到誠，便不能令父母安樂。反省自己能不能做到誠也有一定的途徑：不明白甚麼是善，便不能反省自己能不能做到誠。誠，是上天的道路。人實踐自己的誠，則是人行走的道路。能夠自己做到誠的人，不必勉強就能做到，不用思考就能擁有，從從容容便能符合心中誠的道路，這便是聖人。一般人要做到誠，便要選擇善而堅持下去。要擇善固執，便要廣博學習，審察提問，謹慎思考，清楚分辨，切實實行。有未學習過的，未學懂便不罷休。有未提問過的，未問明白便不罷休。有未思考過的，未思考到答案便不罷休。有未分辨清楚的，未清楚分辨便不罷休。有未實行的，未切實實行便不罷休。別人學一次便會的，我學一百次也要學會。別人學十次便會的，我學一千次也要學會。如果能夠實行這個道，即使愚昧的人也一定會明白，即使柔弱的人也一定會堅強。

賞析與點評

這段話由人性能夠自己做到誠，而見到天道。所以天道，也就是誠道。誠的工夫是一切德行的根本。一切德行的預備工夫，便是要做到誠。而要做到誠，也是要一步一步的由最切近的地方做起，由家庭，到朋友，到國家天下。在實踐誠上，可分為聖人和一般人。聖人不用多說，更重要的是一般人，一般人更要「擇善而固執」，即是要選擇善，去除惡，然後堅持下去。

第二十一章

自誠明[1]，謂之性；自明誠，謂之教。誠則明矣，明則誠矣。

注釋

1 自：由。

譯文

由人性之誠的表現而知道光明，叫作人性。由人知道自己誠的光明未夠而做工夫令自己能夠誠，叫作教化。能夠直接表現誠，便知道光明。知道自己誠的光明不足而做工夫，也能令自己做到誠。

第二十一章至最後一章是說人性就是「誠之性」，而由人性可見到天道。到最後更進一步說人一切成己成物的事，都只是自盡其誠，上達天道的誠之道而已。

所謂「自誠明，謂之性」，即是說人性原本就只是一個「誠」，而誠是由自己完成的。人心根據道德理想而「自己命令自己」、「自己率領自己」，即是「自己成就自己」。自己能夠成就自己，是因為人有可以自己完成的性，也即是「誠」。由人自己成就自己，同時自己知道自己，就是由人性而表現光明。如果人不是自己成就自己，即是不知道自己究竟應是怎樣的，便不能表現出光明。所以人一定要自己成就自己，然後才能夠表現光明，成就自己的性，表現出誠之性。這便是由誠而明的形態，即所謂「自誠明，謂之性」。由誠而明，即是第一章說的「率性之謂道」。

而所謂「自明誠，謂之教」，可聯繫第一章的「修道之謂教」來說。由於人性的表現不一定能夠「自己成就自己」，人性表現可以有其他意念夾雜其中而成為阻礙，修養工夫便會斷絕而不能繼續。這樣，人就會出現未能夠誠的情況。這時，人要知道會出現這個情況，而知道人心原初會自然流露善，如惻隱之心，這是光明的開始，但這只是一個開始，發展下去會有所夾雜；人要去除這些不誠的夾雜，修養好自己人性表現的道路，這便是修道，便是教化。由此而令到自己人性的誠能持續不斷的表現，完成自己的德行。這就是由明而誠的形態，即所謂「自明誠，謂之教」。

由誠而明，是由人性之誠直接表現，現成如此，不必再進行修養工夫。人性之誠來自天，所以「自誠明」形態是直接以天道為人道，已經是聖人形態，聖人能夠無所不誠，聖人之道即是天道。

但一般人通常未能達到聖人的境界，即不能夠有人性之誠的連續表現，於是人就要知道自己未能夠連續光明的地方，然後做修養工夫，修養好自己的道路，由此而做到誠，以達到好像聖人那樣的「自誠明」境界。

第二十二章

惟天下至誠，為能盡其性；能盡其性，則能盡人之性；能盡人之性，則能盡物之性；能盡物之性，則可以贊天地之化育[1]；可以贊天地之化育，則可以與天地參矣[2]。

注釋

1 贊：幫助。

2 參：並列。

譯文

只有天下最能夠做到誠的人，才能夠成就自己之性。人自己能夠成就自己的性，也就能夠通達到他人而成就他人之性。人能夠成就他人之性，也就能夠成就事物之性。人能夠成就事物之性，就可以幫助天地化育生命。人可以幫助天地化育生命，就可以和天地並列了。

賞析與點評

人如果能夠盡人之性，令人性表現不停止，則人在成就自己德行的同時，也行走在通達的道路上，即是通達到自己以外的人和物，也會要求成就他人之性和事物之性。這樣便可以贊天地之化育，使人德與天地並列，可說人德而有天德。人能盡性，境界可以極高，但最基本的便是人要自己盡性至誠。

第二十三章

其次致曲[1]。曲能有誠，誠則形[2]，形則著，著則明，明則動，動則變，變則化。惟天下至誠為能化。

注釋

1 其次：相對聖人而言，指一般人。

2 形：表現。

譯文

一般人要做曲折的修養工夫。能經歷這曲折的工夫便能夠做到誠。做到誠便會有外在的表現，外在的表現做得好便會顯著，顯著即能照明外在的事物，能照明事物便能感動他人，能感動他人便能變化事物，能變化事物便能化育天下。只有天下最能夠做到誠的人才能夠化育天下。

賞析與點評

至誠是聖人境界，一般人尚未能達到盡性的聖人境界時，就只能夠依次序做道德修養工夫，由不誠做到誠。人的誠，有時會間斷，人由不誠到誠的道路上，一定會經歷各種道德生活的曲折，然後才有至誠，所以說「其次致曲，曲能有誠」。

但無論由直道盡人性而做到誠，或由致曲而做到誠，總之在人盡性做到誠之後，都會有外在的表現。即是誠的表現會到達其他人和物的身上。人性一開始有表現，就是有「形」，這表現做得好，即是表現變得顯「著」，顯著即是要令自己的心照「明」於外，人心照明於外，便會感「動」到其他人和物，令到外在的人和物都有所「變化」，其他人和物之性都可以盡性了，所以這是由人自己盡性到盡人物之性的過程。「誠則形，形則著，著則明，明則動，動則變，變則化」便是說這個過程。只有至誠的人才能達到「化」的境界。因此一般人或以承傳中國文化為己任的知識分子，都應從這誠之性開始做起。

第二十四章

至誠之道，可以前知。國家將興，必有禎祥；國家將亡，必有妖孽。見乎蓍龜[1]，動乎四體[2]。禍福將至：善，必先知之；不善，必先知之。故至誠如神。

注釋

1 蓍（粵：詩；普：shī）：蓍草，《易經》中的占卜工具。龜：龜甲，作龜卜用的。

2 四體：四肢。

譯文

最能夠循人德至誠的道路而行的人，可以預知天德的表現。國家即將興盛，一定有吉祥的徵兆；國家即將滅亡，一定有災異的徵兆。這些徵兆會表現在占卜之中，影響人的四肢動作。禍福即將來臨時，是福，至誠的人一定會預先知道；是禍，也一定會預先知道，所以最能夠做到誠的人好像神一樣知道天德的表現。

賞析與點評

國家興亡和自然宇宙相關的說法是不是迷信呢？這種相關性是從中國古代民間廣泛流傳的「人德動天」思想而來的。所謂「人德動天」，即人德能感動上天，上天會在自然界表現出災異祥瑞，以作為回應。這些徵兆令人民歸向應該興起的明君，而離開德行衰落的君主，或者對暴君進行革命，令真正有德行的君主得到應有的地位。這種民間的人德動天思想和孔孟傳統思想是不同的。孔孟沒有說有德者一定能得到上天保佑或一定有地位，他們認為有德行是人自己的事情，道流行不流行，有天命存在。天命存在，不是人能夠控制的。孟子又說：「求之有道，得之有命。」所以孟子也沒有說天一定會令賢人得位而降命，令人民歸向他。孔子只有慨歎不見用的說法，未必一定想為王。

《中庸》成書比孔孟晚，思想雖出自孔孟，但卻有所發展，因而會有這種國家興亡和自然宇宙有所聯繫的想法。孔子重視的是德行，認為賢人不一定有爵位；而孟子有盡心知性、存心養性便能知天、事天的思想；荀子也有人與天地並列的想法。由此可以引申出《中庸》的思想是聖人和天地之道都是同一個根本，就是誠。聖人之德行可以參贊天地之化育，和天德一起流行。這引申出一個崇高的思想，就是：自然宇宙的法則應該服從道德宇宙的法則，而自然宇宙也應該順從聖人德行的顯著變化，被聖人之德所感動。《中庸》說「國家將興，必有禎祥；國家將亡，必有妖孽。見乎蓍龜，動乎四體。」未必一定好像陰陽家所說的那種迷信思想，它也可以有儒家的解讀：即是天、人和萬物都表現同一個道，根據同一個誠，人有至誠的德行，能夠盡其他人之性和物之性。即是人德也可以感動他人，感動其他自然事物。由這個思想出發，即有大德行的人，一定能延長自然生命，受他人擁戴，一定能得到名聲、地位及長壽。這種思想可以想像為由人相信天人有相同的道、相同的誠而來。這是聖人之德與天德一起流行而帶出來的一種思想，所以不能說因為這災異說法和孔孟不同，便不把它視為儒家思想的發展。《中庸》思想，雖然重視天之道和鬼神之道，但不重視天帝和鬼神的人格性，所以始終和陰陽家天降災異的說法不同。此外，《中庸》雖然雜有天降祥瑞災異的思想，但思想精神始終是一種「重視德行表現於外」的時代精神。漢代儒學和陰陽家合流，很多時多了穿鑿附會的內容，但這些內容都是說人德表現在外，而和天德表現一一相應，也是從「重視德行表現於外」的精神而來。

第二十五章

誠者自成也，而道自道也。誠者物之終始，不誠無物。是故君子誠之為貴。誠者非自成己而已也，所以成物也。成己，仁也；成物，知也。性之德也，合外內之道也，故時措之宜也[1]。

注釋

1 措：放置，安置。

譯文

做到誠的人，是自己成就自己，自己引導自己的道路。做到誠的人，能成就事物的終始過程；不能做到誠的人，就不能成就事物。所以君子做到誠是很尊貴的。

做到誠的人，不只是自己成就自己，而且能成就事物。成就自己，就做到仁；成就事物，就做到智。人性表現的德行，就是貫通內外的道路，所以人的德行放置在哪裏都適宜。

賞析與點評

誠，是人自己成就自己的人性，人有自己成就自己的持續表現，這個人性便會顯現為一條道路。人性，就是自己成就自己的人性。這條道路，就是自己引導自己的道路。人自己成就自己，引導自己，是一個連續的過程，是一個終而又始的連續過程。如果終結後沒有再開始，就等同於空無所有，或等同於無物，即所謂的「不誠無物」。而所謂「合內外之道」，就是指人性之誠由內在的本源顯達於外這個過程的道路。因此，成就自己和成就事物，是一條貫通之道。而所謂「成己，仁也，成物，知也」，是說成己所以成物，成物所以成己，仁智合一，可見人內外合一之道。

第二十六章

故至誠無息。不息則久，久則徵[1]，徵則悠遠，悠遠則博厚，博厚則高明。博厚，所以載物也；高明，所以覆物也；悠久，所以成物也。博厚配地，高明配天，悠久無疆。如此者，不見而章[2]，不動而變，無為而成。天地之道，可壹言而盡也。其為物不貳[3]，則其生物不測。天地之道，博也厚也，高也明也，悠也久也。今夫天，斯昭昭之多[4]，及其無窮也，日月星辰繫焉，萬物覆焉。今夫地，一撮土之多，及其廣厚，載華嶽而不重，振河海而不泄[5]，萬物載焉。今夫山，一卷石之多[6]，及其廣大，草木生之，禽獸居之，寶藏興焉。今夫水，一勺之多[7]，及其不測，黿、鼉、蛟、龍、魚、鱉生焉[8]，貨財殖焉。《詩》云[9]：「維天之命[10]，於穆不已[11]！」蓋曰天之所以為天也。「於乎不顯[12]！文王之德之純！」蓋曰文王之所以為文也，純亦不已。

注釋

1 徵：效驗。

2 章：通「彰」，彰顯。

3 不貳：純一不二。

4 昭昭：光明。

5 振：收。

6 卷：通「拳」。

7 勺（粵：雀；普：sháo）：舀水工具。

8 黿（粵：元；普：yuán）、鼉（粵：駝；普：tuó）、蛟、龍、魚、鱉（粵：別；普：biē）：全都是水中動物。

9 《詩》：此詩語出《詩經・周頌・維天之命》。

10 維：語氣詞。

11 於：語氣詞。穆：深遠。

12 於乎：通「嗚呼」，語氣詞。不顯：不，通「丕」，大。顯，彰顯。即真是偉大彰顯啊！

譯文

所以最能夠做到誠而不停止的人是這樣的：做到誠而不停止便能長久，長久便會有效驗，有效驗便能悠久長遠，悠久長遠便能廣博深厚，廣博深厚便能達到崇高光明。廣博深厚，才能夠承載萬物；崇高光明，才能夠覆蓋萬物；悠久，才能成就萬物。廣博深厚，可配得上地的德行。崇高光明，可配得上天的德行。悠久則可以到達無窮無盡。人達到這樣的境界，天道雖然不被看見卻能彰顯出來，天道不動而能變化萬物，天道無為而能成就萬物。天地流行變化的道路，可以用一個「誠」字概括盡了。最能夠做到誠而不停止的人，能成就天地萬物而做到純粹專一，所以能夠不斷創生萬物而不可預測。天地流行變化的道路是：廣博的，深厚的，崇高的，光明的，悠遠的，長久的。現在我們所說的天，就只看到點點光明那麼多，但它達到無窮盡的境界時，日月星辰都繫在天上，萬物都覆蓋在天底下。現在我們所說的地，就只是一撮泥土那麼多，但它達到廣博深厚的境界時，能承載起華山而不覺得沉重，能收攝河水海水而不會泄漏，能承載起萬物。現在我們所說的山，就只是一個拳頭大的石頭那麼多，但它達到廣博闊大的境界時，草木都生長在山中，禽獸都居住在山中，寶藏都由山中開發出來。現在我們所說的水，就只是一勺水那麼多，但它達到不可預測的境界時，黿、鼉、蛟、龍、魚、鼈都生長在水中，值錢的貨財都在水中繁殖。《詩經・周頌・維天之命》說：「天命啊！深遠而不停止。」這是說天之所以為天的道理。「真是偉大彰顯啊！周文王的德行是那樣純粹無雜。」這是說周文王之所以成為為文王的道理，他的純粹無雜是不止息的。

賞析與點評

這一章由人的至誠境界說起，人做到誠而不停止，便可以悠久博厚高明，可以承載、覆蓋及成就萬物。所以人能夠博厚配地，高明配天，悠久無疆，人德可和天地合德，可以和天道合一。天道直接表現為至誠無息的人道，雖看不見天道卻可彰顯天道，天道不動而變化萬物，天道無為而成就萬物。天道創生萬物而不可預測，變化無窮盡而不停止，它都是在人的至誠無息的德行中表現出來的。引用《詩經》來說，文王的德行便是天命，便是天之所以為天。即是說天的深遠而不停止，和文王德行的純粹而不停止，都是同一個至誠無息的表現。

這個世界充滿戰爭，不能和平，即使和平也不能長久，如何才能夠長久和平呢？中國古人的智慧說要由人自己做起，人能至誠無息，天道流行便可悠久無疆。

第二十七章

大哉，聖人之道！洋洋乎發育萬物[1]，峻極于天[2]。優優大哉[3]！禮儀三百[4]，威儀三千[5]，待其人然後行。故曰：苟不至德，至道不凝焉。故君子尊德性而道問學[6]，致廣大而盡精微，極高明而中庸。溫故而知新，敦厚以崇禮。是故居上不驕，為下不倍[7]；國有道，其言足以興，國無道，其默足以容。《詩》曰[8]：「既明且哲[9]，以保其身。」其此之謂與！

注釋

1 洋洋：盛大。

2 峻：高大。

3 優優：充足有餘。

4 禮儀：禮儀的主要規則。

5 威儀：禮儀的進退動作。

6 道：由。

7 倍：通「背」，違背。

8《詩》：此詩語出《詩經．大雅．烝民》。

9 哲：智慧。

譯文

真偉大啊！聖人的道路！洋洋盛大而生長化育萬物，極崇高有如天。充足有餘而偉大！禮儀有三百條，威儀有三千條，等待聖人然後真正實行。所以說：如果不是聖人極至的德行，極至的道是不會凝聚在那裏的。所以君子要尊重德性，由詢問而學習，達到廣博偉大而極盡精深微妙，到達極崇高光明的境界而由中庸之道實行。君子要溫習以前所學而了解新的所學，敦厚篤實而崇敬禮儀。所以君子居於上位而不驕傲，居於低位而不違背德性。如果國家治理得有條理，君子的言論便可以興起人民；如果國家治理得沒有條理，君子的沉默可以包容不同的人民。《詩經．大雅．烝民》說：「君子的德行既光明又有智慧，能保養自身。」就是說這個道理啊！

賞析與點評

這一章繼承上一章說聖人之道的不停止，等同於天道的不停止；然後再進一步說聖人之道，能生長化育萬物，和天一樣崇高，而禮儀三百條、威儀三千條是屬於人道，等待聖人來實行。即是說天道一定要凝聚於有極至德行的人身上。由此而說，君子要做工夫，要尊德性，道問學，致廣大，盡精微，極高明，道中庸，温故知新，敦厚崇禮。「尊德性，道問學」，應該結合上文中文王的德行純粹而不停止來說。純粹，即是尊重德性，再加上道問學，便能夠令德行不停止，悠久無疆。「致廣大」，即前面說的廣博深厚；「盡精微」，即說廣博深厚而能承載精微。「極高明」，即前面說的崇高光明配得上天；「道中庸」，即是說高明而能覆蓋萬物。

聖人的修養可以達到極高境界，但一切都由尊德性而道問學的工夫開始，所以不可小看這些內心的工夫。

第二十八章

子曰：「愚而好自用，賤而好自專，生乎今之世，反古之道[1]。如此者，災及其身者也。」非天子，不議禮，不制度，不考文。今天下車同軌，書同文，行同倫。雖有其位，苟無其德，不敢作禮樂焉；雖有其德，苟無其位，亦不敢作禮樂焉。子曰：「吾說夏禮，杞不足徵也[2]。吾學殷禮，有宋存焉[3]；吾學周禮，今用之，吾從周。」

注釋

1 反：通「返」。
2 杞：國名。傳說周武王封夏禹後代於此。
3 宋：國名。商湯後代被封於此。

譯文

孔子説：「愚昧卻只憑自己主觀意慾行事，地位卑賤卻喜歡獨斷專行，生在現今的時代，卻想恢復古代的方法。這樣，災禍便會降臨到自己身上。」所以不是天子不能議定禮制，不能制定法度，不能考定文字。現在天下馬車的輪距相同，書寫的字體統一，倫理禮法相同。即使有天子位置，如果沒有天子的德行，也不敢制作禮樂制度。即使有德行，如果沒有天子的位置，也不敢制作禮樂制度。孔子説：「我能講説夏朝的禮制，但只有杞國有證明，不足以證明有效。我曾學習殷朝的禮制，但殷禮只有宋國保存。我學習周朝的禮制，是現代正在使用的，所以我跟從周朝的禮制。」

賞析與點評

第二十七章講述敦厚崇禮，温故知新，和這章文字有密切的關係。「敦厚」指：修養光明的德行並修養智慧，保養自身。「知新」指：要知道生在現今的時代，不能隨意改用古代的方法，否則災禍便會降臨到自己身上。「崇禮」指：不在天子的位置，不能議定禮制、制定法度和考定文字，即使有天子的位置，如果沒有天子的德行，也不敢制作禮樂制度；即使有天子的德行，如果沒有天子的位置，也不敢制作禮樂制度。「温故」指：孔子能講説夏朝的禮制，但只有杞國有證明，不足以證明有效。孔子曾學習殷朝的禮制，但殷禮只有宋國保存。孔子學習周朝的禮制，而這禮制是當時正在使用的，所以孔子跟從周朝的禮制。由此可見孔子即使熟習古代的禮制，但卻明白應跟從周代的禮制。

「愚而好自用，賤而好自專」的人，都喜歡隨自己的主觀意慾來改變世界。他們很多時候會用偉大的口號作藉口，或借用古人的講法來説服他人。但其實都只是藉口，當中夾雜私心，這代表他內在的修養未做好，未能去除夾雜，未能做到誠。孔子這麼有學識且明白古代制度的人，也不會隨意改變現行制度，因為孔子能夠做好敦厚崇禮、温故知新的德性修養工夫。這很值得只學懂一點知識的人反省。

第二十九章

王天下有三重焉，其寡過矣乎！上焉者雖善無徵，無徵不信，不信民弗從；下焉者雖善不尊，不尊不信，不信民弗從。故君子之道本諸身，徵諸庶民，考諸三王而不繆[1]，建諸天地而不悖[2]，質諸鬼神而無疑[3]，百世以俟聖人而不惑。質諸鬼神而無疑，知天也；百世以俟聖人而不惑，知人也。是故君子動而世為天下道，行而世為天下法，言而世為天下則。遠之則有望，近之則不厭。《詩》曰[4]：「在彼無惡，在此無射[5]；庶幾夙夜，以永終譽！」君子未有不如此而蚤有譽於天下者也[6]。

注釋

1 三王：三代之聖王，禹、湯、文王。繆：通「謬」，謬誤。

2 建：立。

3 質：問。

4 《詩》：此詩語出《詩經・周頌・振鷺》。

5 射：《詩經》原文是「斁」，音「亦」，厭倦的意思。

6 蚤：通「早」。

譯文

君主治理天下，如能做到這三件重要的事（議定禮儀、制定法度、考訂文字），就會很少有過失了。在上位的人雖然有善的德行，但沒有效驗證明；如果沒有效驗證明，便不能取信於人民；不能取信於人民，人民便不會跟從。在下位的人雖然有善的德行，但得不到尊貴的地位；沒有尊貴的地位，也不能取信於人民；不能取信於人民，人民也不會跟從。所以君子的道路是這樣的：以修養自己為根本，從百姓那裏得到效驗證明，考察三代聖王的制度而沒有違背的地方，站立於天地之間而不會違背自己的內在德性，求問於鬼神而沒有懷疑，等到百世之後聖人才出現也不會疑惑。求問於鬼神而沒有懷疑，因為知道是天道。等到百世之後聖人才出現也不會疑惑，因為知道是人道。所以君子的舉動能在世世代代成為天下人的道路，君子的行為可以世世代代成為天下的法度，君子的言論可以世世代代成為天下人的法則。遠古君子的言行會令人仰望，近代君子的言行也不會令人厭惡。《詩經・周頌・振鷺》說：「在那裏沒有人厭惡，在這裏也沒有人厭倦。幾乎日日夜夜，永久保存聲譽。」君子沒有不這樣做而能夠早在天下有名聲的。

賞析與點評

這章是說聖人之道可貫通到聖王之道。君子之道，以修養自己為根本，即修養自己，成就自己的意思。從一般人民得到效驗證明，是指令他人安樂，成就其他人和物。而站立於天地之間，即是見到人道貫通天道。人可求問鬼神，即了解事物不可拋棄鬼神觀念。以修養自己為根本，由一般人民得到效驗證明，即是由人道來證明君子之道。站立於天地之間，是由天道來證明君子之道。求問於鬼神而沒有懷疑，是由鬼神之道來證明君子之道。這不是說把人、鬼、天分為三層，而是認為人道、天道、鬼神之道和君子之道，是同一個道。

第三十章

仲尼祖述堯、舜[1]，憲章文、武[2]；上律天時，下襲水土[3]。辟如天地之無不持載[4]，無不覆幬[5]，辟如四時之錯行，如日月之代明。萬物並育而不相害，道並行而不相悖，小德川流，大德敦化，此天地之所以為大也。

注釋

1 祖述：繼承、效法。
2 憲章：彰顯，發揚。
3 襲：因襲，跟從。
4 辟：通「譬」。
5 幬（粵：道；普：dào）：覆蓋。

譯文

孔子繼承堯舜的語言行動，發揚文王武王的做法，在上跟從天時的變化，在下則跟從水土變化。孔子的德行好像天地那樣沒有甚麼不承載的、沒有甚麼不覆蓋的。好像四時季節交錯運行，好像日月交替光明。孔子的德行使萬物一起生長而不互相傷害，人道和天道一起流行而不會互相違背。小的德行好像河水般長流不息，大的德行可以敦厚化育萬物。這是天地之道所以偉大的原因。

賞析與點評

上一章説考察三代聖王，這章便闡述孔子繼承堯舜，發揚文王、武王的做法，接着便析述怎樣站立於天地之間而不違背德性。個人德性修養做得好，便可以化育天下萬物，這是不會錯的道理。雖然聖人的修養很難做到，但難做到不代表不應向此方向努力。《中庸》沒有説到現代的政治制度，但它強調了在上位者個人德行修養的重要性，這是任何時代的統治者都不可缺少的基本條件。

第三十一章

惟天下至聖，為能聰明睿知，足以有臨也[1]；寬裕溫柔，足以有容也；發強剛毅，足以有執也[2]；齊莊中正，足以有敬也；文理密察，足以有別也。溥博淵泉，而時出之[3]。溥博如天，淵泉如淵。見而民莫不敬[4]，言而民莫不信，行而民莫不說[5]。是以聲名洋溢乎中國，施及蠻貊[6]；舟車所至，人力所通，天之所覆，地之所載，日月所照，霜露所隊；凡有血氣者，莫不尊親，故曰配天。

注釋

1 有臨：居上而臨下。

2 有執：決斷。

3 溥博淵泉，而時出之：指聖人的德行好像廣博深淵中的泉水，依時序由內裏湧出來。溥博，廣大。淵，深。時，依時序。

4 見：通「現」，表現。

5 說：通「悅」。

6 蠻貊（粵：陌；普：mò）：古代兩個部落的名稱。

譯文

只有天下做到最高境界的聖人才能夠做到耳聰、目明、深思、有智慧，足以在上位治理下面的百姓。廣大、寬舒、温和、柔順，足以容納不同的事物。奮發、勇強、剛正、堅毅，足以決斷大事。整齊、莊重、中庸、公正，足以令人尊敬。做到文采和條理都周詳、明察，足以辨別是非。聖人的德行好像廣博深淵中的泉水，依時由內裏湧出來。聖人的德行廣博像天，深遠像深淵的泉水。聖人的活動表現，人民沒有不尊敬的；聖人的言論，人民沒有不相信的；聖人的行為，人民沒有不喜歡的。所以聖人的名聲廣傳於中原之地，聖人的教化傳播到南蠻北貊。凡是船車能到達的地方，人力能貫通到的地方，天所覆蓋的地方，地所承載的地方，日月照耀的地方，霜露降落的地方，一切有血氣的人，沒有不尊敬親愛聖人的。所以說聖人的美德可以和天相配。

賞析與點評

這章說聖人能夠做到「聰明睿知」、「寬裕溫柔」、「發強剛毅」、「齊莊中正」、「文理密察」。朱子認為「聰明睿知」，是生而知之的氣質，而「寬裕溫柔」、「發強剛毅」、「齊莊中正」、「文理密察」則是仁義禮智的德行。可見《中庸》的說法合乎孟子所說仁義禮智的意思。而下面說「溥博淵泉」，是說各種德行都是以修養自己的內在為根本，由自己的內在而出，好像天的廣博，好像淵泉出水。對於聖人的表現、言論、行為，人民都會尊敬、信任、喜歡。這就是從人民得到效驗證明的意思。而後面是說聖人的德行偉大，一定能得到名聲，並且廣傳於中原，施及蠻族，到達無疆，可相配於天。

第三十二章

惟天下至誠，為能經綸天下之大經[1]，立天下之大本，知天地之化育。夫焉有所倚？肫肫其仁[2]！淵淵其淵！浩浩其天！苟不固聰明聖知達天德者[3]，其孰能知之？

注釋

1 經綸：治理絲綢，引申為治理國家。

2 肫肫（粵：純；普：zhūn）：通「純純」，誠懇的樣子。

3 固：實在。

譯文

只有天下最能夠做到誠的人，才能夠掌握治理天下的大原則，確立治理天下的大根本，知曉天地萬物化育的道理。聖人又怎會有所倚靠呢？就只是做到誠懇的仁德而已，仁德的深遠好像深淵泉水，仁德的浩大好像廣闊的天空。如果不是確實具有聰明智慧及達到天德境界的聖人，又有誰能夠知道天地的化育呢？

賞析與點評

這一章是總結。文中說天下至誠是「經綸天下之大經」，即是第二十章所述的五倫、九經。而「立天下之大本」則回應了第一章「中也者，天下之大本也」。至於「知天地之化育」是回應第一章的「致中和，天地位焉，萬物育焉」。而「達天德者」，便是說聖人的內在德性充滿於生命，好像淵泉而湧出，無窮無盡，好像天地的廣大高明，等同於天的德行，即人德上達至天德的境界。

第三十三章

《詩》曰[1]：「衣錦尚絅[2]」，惡其文之著也。故君子之道，闇然而日章[3]；小人之道，的然而日亡[4]。君子之道：淡而不厭，簡而文，溫而理，知遠之近，知風之自，知微之顯，可與入德矣。

《詩》云[5]：「潛雖伏矣，亦孔之昭！」故君子內省不疚，無惡於志。君子所不可及者，其惟人之所不見乎！

《詩》云[6]：「相在爾室，尚不愧于屋漏[7]。」故君子不動而敬，不言而信。

《詩》曰[8]：「奏假無言[9]，時靡有爭[10]。」是故君子不賞而民勸，不怒而民威於鈇鉞[11]。

《詩》曰[12]：「不顯惟德[13]！百辟其刑之[14]。」是故君子篤恭而天下平。

《詩》曰[15]：「予懷明德，不大聲以色。」子曰：「聲色之於以化民，末也。」

《詩》曰[16]：「德輶如毛[17]。」毛猶有倫[18]；「上天之載，無聲無臭」，至矣！

注釋

1 《詩》：此詩語出《詩經．衛風．碩人》。

2 絅（粵：炯；普：jiǒng）：同「褧」，麻布罩衣。現存《詩經》沒有「衣錦尚絅」這一句。

3 闇（粵：暗；普：àn）：通「暗」。

4 的然：顯著表現的。

5 《詩》：此詩語出《詩經．小雅．正月》。

6 《詩》：此詩語出《詩經．大雅．抑》。

7 屋漏：古代室內西北角設置神位，稱為屋漏，相傳是神明所在的地方。

8 《詩》：此詩語出《詩經．商頌．烈祖》。

9 奏假：奏，進奉。假，通「格」，感通。

10 靡：沒有。

11 鈇鉞（粵：膚越；普：fū yuè）：古代行刑用的斧子。

12 《詩》：此詩語出《詩經．周頌．烈文》。

13 不：通「丕」，大。
14 辟：諸侯。刑：通「型」，模範。
15 《詩》：此詩語出《詩經・大雅・皇矣》。
16 《詩》：此詩語出《詩經・大雅・烝民》。
17 輶（粵：由；普：yóu）：輕。
18 倫：類，指物類。指聖德境界超越物類。

譯文

《詩經》說：「穿着錦繡衣服，還要加上麻布外衣。」這是厭惡錦繡的花紋太過顯著。所以君子之道，即使是光芒暗藏，仍會日漸彰顯。小人之道，即使外表鮮明，卻會日漸消亡。君子之道，平淡而不感到厭惡，簡單而有文彩，温和而有條理，知道遠方的事是由近處開始，知道風的來源，知道精微的德行可以彰顯出來，這樣便可以進入有德行的境界。

《詩經》說：「雖然潛伏起來，但也光明可見。」所以君子做內在的反省，並沒有不安，無愧於自己的志向。一般人之所以比不上君子，就是君子會在人所不見的地方做修養工夫。

《詩經》說：「看你獨自在居室的時候，可算無愧於神明。」所以君子沒有行動也能令人尊敬，不必說話也能令人相信。

《詩經》說：「祭祀時誠心和神明感通，肅靜沒有說話，此時沒有人會爭執。」所以君子不賞賜，人民也會勉力向善。不用發怒，人民自會敬畏君子，而且比用刑罰更令人敬畏。

《詩經》說：「君子的德行大顯，百國諸侯都視為模範。」所以君子篤實恭敬，天下就會和平。

《詩經》說：「我懷念君子的光明德行，他從不厲聲厲色。」孔子說：「用厲聲厲色來教化人民是末節下策。」

《詩經》說：「君子的德行輕如羽毛。」但羽毛仍是有形有色的物類。「上天所承載之道，是沒有聲音，沒有氣味的」，這樣才是極至的境界！

賞析與點評

這章首兩段引述的詩歌，是說求學的人做工夫，應該在獨自一人、潛伏隱藏時候做。在這潛伏隱藏的時候，人會有內在的反省，這便是回應第一章所說的戒慎恐懼工夫。在這個工夫中，會有人性的「自己命令自己」、「自己率領自己」、「自己知道自己」的光明所在。所以文中引用《詩經》「潛雖伏矣，亦孔之昭」句子以證明。由這個人性光明的地方而形成的光明德行，不在於表現於外面的聲色形相，而純粹在於人內心的隱微地方，無聲無臭，而且可以向上貫通於天命。所以《中庸》用「上天之載，無聲無臭，至矣」作為結語，可以和第一章的「天命之謂性」遙相呼應。

名句索引

《大學》

三畫

五畫

民之所好好之，民之所惡惡之。　○五八

七畫

君子必慎其獨也。　○三六

君子有大道，必忠信以得之；驕泰以失之。生財有大道，生之者眾，食之者寡，為之者疾，用之者舒，則財恆足矣。　○六二

君子賢其賢而親其親，小人樂其樂而利其利。　○二七

八畫

物有本末，事有終始，知所先後，則近道矣。　○一一

九畫

為人君，止於仁；為人臣，止於敬；為人子，止於孝；為人父，止於慈；與國人交，止於信。　○二四

是故君子有諸己而後求諸人；無諸己而後非諸人。所藏乎身不恕而能喻諸人者，未之有也。　○五○

十畫

十三畫

《中庸》

三畫

四畫

六畫

七畫

九畫

十一畫

十二畫

十三畫